頭にしみこむ
メモリータイム！

寝《ね》る前5分
暗記ブック

小6

Gakken

もくじ

もくじ 2
この本の特長と使い方 6

★英語

1. 自己《じこ》しょうかい 7
2. 出身地・住んでいる場所 9
3. 行きたい場所 11
4. 一日の生活 13
5. 昨日の夜に食べたもの 15
6. 夏の思い出 17
7. 修学旅行の思い出 19
8. 思い出の行事 21
9. 入りたい部活動 23
10. 将来《しょうらい》の夢 25
11. 月・季節 27
12. 時間帯・曜日など 29
13. 身の回りのもの 31
14. 国 33
15. 自然・建物 35
16. スポーツ 37
17. 年中行事 39
18. 学校行事 41
19. 一日の行動 43
20. 様子・状態 45

★算数

1. 円の面積 47
2. 文字と式 49
3. 分数のかけ算 51
4. 分数のわり算 53

5. 対称《たいしょう》な形 55
6. 比と比の値《あたい》 57
7. 拡大図《かくだいず》と縮図《しゅくず》 59
8. 立体の体積 61
9. 比例と反比例 63
10. ドットプロットと中央値《ちゅうおうち》,最頻値《さいひんち》 65
11. 度数分布表とヒストグラム 67
12. 場合の数 69

★理科

1. ものの燃え方と空気 71
2. 食べ物の消化《しょうか》と呼吸《こきゅう》 73
3. 心臓《しんぞう》と血液のはたらき 75
4. 植物と養分・光合成《こうごうせい》 77
5. 植物と水 79
6. 食べ物を通した生物どうしのつながり 81
7. 生物と空気のかかわり 83
8. 月の形の見え方 85
9. 月と太陽の表面のようす 87
10. 地層《ちそう》のでき方 89
11. 変わり続ける大地 91
12. てこのはたらき 93
13. てこを利用した道具 95
14. てこのつり合いとうでのかたむき 97
15. 酸性《さんせい》・アルカリ性《せい》の水よう液 99
16. 金属をとかす水よう液 101
17. 気体がとけた水よう液 103
18. 電気をつくる・光電池《こうでんち》 105

19. 電気をたくわえる・電気の利用 107

20. 人の生活と地球の環境《かんきょう》 109

★社会

1. 日本国憲法《けんぽう》 111

2. 国会・内閣《ないかく》・裁判所《さいばんしょ》のしくみと働き 113

3. 地方の政治と選挙のしくみ 115

4. 災害復興 117

5. 縄文《じょうもん》時代と弥生《やよい》時代 119

6. 古墳《こふん》と大和朝廷《やまとちょうてい》（大和政権） 121

7. 聖徳太子の政治と大化《たいか》の改新《かいしん》 123

8. 奈良《なら》時代 125

9. 平安《へいあん》時代 127

10. 武士の政治の始まり 129

11. 室町幕府《むろまちばくふ》と文化 131

12. 全国統一 133

13. 江戸《えど》幕府の成立 135

14. 鎖国《さこく》と４つの窓口 137

15. 江戸時代の文化と学問 139

16. 江戸幕府の滅亡《めつぼう》と明治維新《めいじいしん》 141

17. 自由民権運動《じゆうみんけんうんどう》と大日本帝国憲法《ていこくけんぽう》 143

18. 条約改正と日清《にっしん》・日露《にちろ》戦争 145

19. 戦争中の日本 147

20. 戦後の日本の発展《はってん》① 149
21. 戦後の日本の発展② 151
22. 日本と関係の深い国々 153
23. 世界の平和と日本の役割《やくわり》 155

★国語 ※国語は後ろ側から始まります。

1. おぼえておきたい漢字① 194
2. おぼえておきたい漢字② 192
3. おぼえておきたい漢字③ 190
4. おぼえておきたい漢字④ 188
5. おぼえておきたい漢字⑤ 186
6. 部首 184
7. 二字熟語《じゅくご》の組み立て① 182
8. 二字熟語の組み立て② 180
9. 三字熟語の組み立て 178
10. 四字熟語の組み立て 176
11. 同じ音の漢字 174
12. 同じ訓の漢字／同じ読みの熟語《じゅくご》 172
13. 漢字の音と訓／複数の意味をもつ漢字 170
14. 文末表現 168
15. 敬語《けいご》 166
16. 類義語 164
17. 文の組み立て①（主語・述語） 162
18. 文の組み立て②（修飾語《しゅうしょくご》） 160
19. 接続語 158

この本の特長と使い方

★この本の特長

暗記に最も適した時間「寝《ね》る前」で，効率よく暗記！

この本は，「寝る前の暗記が記憶《きおく》の定着をうながす」というメソッドをもとにして，小6の重要なところだけを集めた参考書です。

暗記に最適な時間を上手に活用して，小6の重要ポイントを効率よくおぼえましょう。

★この本の使い方

この本は，1項目《こうもく》2ページの構成になっていて，5分間で手軽に読めるようにまとめてあります。赤フィルターを使って，赤文字の要点をチェックしてみましょう。

①

1. 日本国憲法

国民が主人公国民主権，人間らしく基本的人権の尊重，戦争しない平和主義。

国民の義務は，金曜日には，農協へ。

日本国憲法には，国民が守らなければならない義務も定められているよ。

金曜日

②

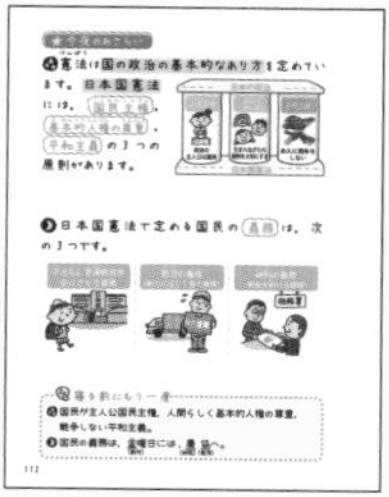

憲法は国の政治の基本的なあり方を定めています。日本国憲法には，国民主権，基本的人権の尊重，平和主義の3つの原則があります。

日本国憲法で定める国民の義務は，次の3つです。

寝る前にもう一度

国民が主人公国民主権，人間らしく基本的人権の尊重，戦争しない平和主義。

国民の義務は，金曜日には，農協へ。

112

① 1ページ目の「今夜おぼえること」（英語では「今夜の表現」）では，その項目の重要ポイントを，ゴロ合わせや図解でわかりやすくまとめてあります。

② 2ページ目の「今夜のおさらい」では，1ページ目の内容をやさしい文章でくわしく説明しています。読み終えたら，「寝る前にもう一度」で重要ポイントをもう一度確《かく》認《にん》しましょう。

★今夜の表現

Hello《ハロウ》. I'm《アイム》 Ikeda《イケダ》 Aya《アヤ》.

こんにちは。私《わたし》は池田《いけだ》あやです。

I《アイ》 go《ゴウ》 to《トゥ》 Sakura《サクラ》 Elementary《エレメンタリ》 School《スクーゥ》.

My《マイ》 birthday《バ～スデイ》 is《イズ》 June《ヂューン》 20th《トウェンティエス》.

私は桜《さくら》小学校に通っています。

私の誕生日《たんじょうび》は 6月20日です。

★今夜のおさらい

Hello. は「こんにちは。」という意味で，一日中使えるあいさつです。より気軽に Hi.《ハイ》 と言うこともあります。

「私《わたし》は～小学校に通っています。」は，I go to ～ Elementary School. と言います。

「私の誕生日《たんじょうび》は～です。」は，My birthday is ～. と言います。誕生日は〈月→日〉の順で言います。
月を表す単語は27ページで確かめよう

相手の誕生日をたずねるときは，次のように言います。

When《フウェン》 is《イズ》 your《ユアァ》 birthday《バ～スデイ》?
あなたの誕生日はいつ？

My《マイ》 birthday《バ～スデイ》 is《イズ》 May《メイ》 5th《フイフス》.
ぼくの誕生日は5月5日だよ。

寝る前にもう一度

Hello. I'm Ikeda Aya. I go to Sakura Elementary School. My birthday is June 20th.

2. 出身地・住んでいる場所

□ 月 日
□ 月 日

英語

★今夜の表現

I'm《アイム》 from《フラム》 America《アメリカ》.

I《アイ》 live《リヴ》 in《イン》 Kyoto《キョウト》, Japan《ヂャペァン》.

ぼくはアメリカ出身です。

ぼくは日本の京都《きょうと》に住んでいます。

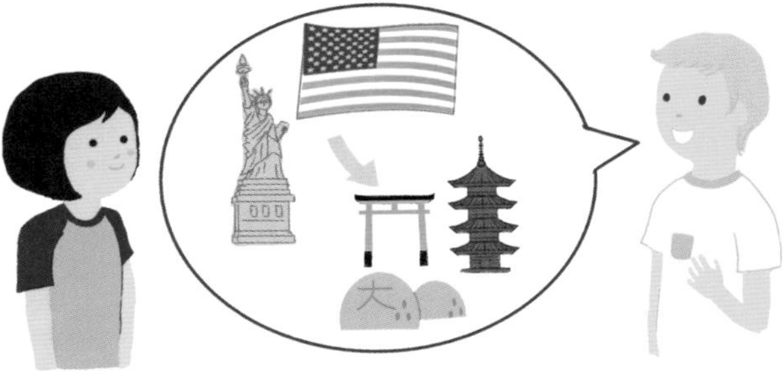

日本語だと「日本の京都」というように，より広いところから言うけど，英語だと“Kyoto, Japan”で，よりせまいところから説明するんだね。

★今夜のおさらい

自分の出身地を説明するときは，I'm from ～.
(私《わたし》は～の出身です。)と言います。

I'm は I am(私は～です)を短くした形だよ。

「私は～に住んでいます。」のように，今住んでいる場所を説明するときは，I live in ～.と言います。「～」の部分には，場所を表すことばを続けます。

from ～ や live in ～ を使って，食べ物の産地や動物の生息地を説明することもできます。

The《ザ》 salmon《セァモン》 is《イズ》 from《フラム》 Norway《ノーウェイ》.
Salmon《セァモン》 live《リヴ》 in《イン》 the《ザ》 cold《コウゥド》 sea《スィー》.
そのサケはノルウェー産です。
サケは冷たい海の中に生息しています。

自然を表す単語は35ページで確かめよう

寝る前にもう一度

I'm from America.
I live in Kyoto, Japan.

★今夜の表現

Where《フウェアァ》 do《ドゥ》 you《ユー》 want to《ワーントゥ》 go《ゴウ》?

あなたはどこに行きたいですか。

I《アイ》 want to《ワーントゥ》 go《ゴウ》 to《トゥ》 Italy《イタリ》.

私《わたし》はイタリアに行きたいです。

あなたはどこに行きたいかな？
そこでは何をしたいかな？

★今夜のおさらい

相手に、どこに行きたいかをたずねるときは、

Where do you (want) (to) go?

(あなたはどこに行きたいですか。)と言います。

「どの国に行きたいですか。」なら、
Which country do you want to go? と言おう。

「私《わたし》は〜に行きたいです。」と答えるときは、

I want to (go) (to) 〜. と言います。

「〜」の部分には、国や行きたい場所を続けます。

国の名前は33ページで確かめよう

行きたい場所を答えたら、そこで何ができるか言ってみましょう。

You《ユー》 can《キャン》 eat《イート》 hamburgers《ヘァンバ〜ガァズ》.
ハンバーガーが食べられるよ。

You《ユー》 can《キャン》 see《スィー》 the《ザ》 Taj《ターチ》 Mahal《マハーゥ》.
タージマハルが見られるよ。

寝る前にもう一度

Where do you want to go?
—I want to go to Italy.

□ 月 日
□ 月 日

★今夜の表現

What《フワット》 time《ターイム》 do《ドゥ》 you《ユー》 get《ゲット》 up《アプ》?

あなたは何時に起きますか。

I《アイ》 get《ゲット》 up《アプ》 at《アト》 7:00《セヴン》.

ぼくは7時に起きます。

I《アイ》 usually《ユージュアリ》 get《ゲット》 up《アプ》 at《アト》 6《スィクス》:30《サ～ティ》.

私《わたし》はたいてい6時30分に起きます。

★今夜のおさらい

「あなたは何時に～しますか。」とたずねるときは，
What time do you ～? と言います。
「～」の部分には，**行動を表すことば**を続けます。
一日の行動を表すことばは43ページで確かめよう

「～時に」と答えるときは，at のあとに**時刻《じこく》**を続けます。時刻は**〈時＋分〉**の順で数を言います。

ひん度の言い方

always《オーウウェイズ》	（いつも）	100%
usually《ユージュアリ》	（たいてい）	80%
sometimes《サムタイムズ》	（ときどき）	40%
never《ネヴァア》	（決して～ない）	0%

「～曜日に」と言うときは，**on** を使います。

I《アイ》 usually《ユージュアリ》 clean《クリーン》 my《マイ》 room《ルーム》 on《オン》 Sundays《サンデイズ》.
私《わたし》はたいてい日曜日に部屋をそうじするよ。

I《アイ》 sometimes《サムタイムズ》 watch《ワーチ》 TV《ティーヴィー》 on《オン》 Mondays《マンデイズ》.
私はときどき月曜日にテレビを見るよ。

寝る前にもう一度

What time do you get up?
—I get up at 7:00. / I usually get up at 6:30.

5. 昨日の夜に食べたもの

□ 月 日
□ 月 日

英語

★今夜の表現

What《フワット》 did you《ディヂュー》 eat《イート》 last《レァスト》 night《ナーイト》?

あなたは昨日の夜，何を食べましたか。

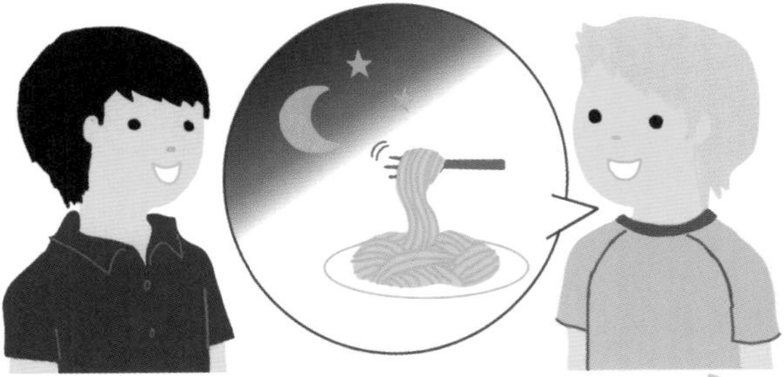

I《アイ》 ate《エイト》 spaghetti《スパゲティ》 last《レァスト》 night《ナーイト》.

ぼくは昨日の夜，スパゲッティを食べました。

あなたは昨日の夜，
何を食べたかな？

★今夜のおさらい

「あなたは昨日の夜，何を食べましたか。」とたずねるときは，What did you eat last night? と言います。

last night は「すぐ前の夜」だから「昨日の夜」の意味になるんだね。

ate は「～を食べた」という意味です。「私《わたし》は～を食べました。」と答えるときは，I ate ～. と言います。

朝食などで，ふだん食べているものを説明するときは，次のように言います。

I《アイ》 usually《ユージュアリ》 eat《イート》 bread《ブレッド》 for《フォーア》 breakfast《ブレクファスト》.

私はたいてい朝食にパンを食べるよ。

I《アイ》 usually《ユージュアリ》 eat《イート》 pizza《ピーツァ》 at《アト》 home《ホウム》.

私はたいてい家でピザを食べるよ。

寝る前にもう一度

What did you eat last night?

—I ate spaghetti last night.

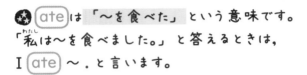

★今夜の表現

Where《フウェアァ》 did《ディ》 you《ヂュー》 go《ゴウ》 this《ズィス》 summer《サマァ》?

あなたはこの夏，どこへ行きましたか。

I《アイ》 went《ウェント》 to《トゥ》 the《ザ》 mountains《マウンテンズ》.

I《アイ》 enjoyed《インヂョーイド》 fishing《フィシング》.

ぼくは山へ行きました。

ぼくはつりを楽しみました。

★今夜のおさらい

✪ Where did you go this summer? は，「あなたはこの夏，どこへ行きましたか。」という意味です。

✪「私《わたし》は～へ行きました。」は，I went to ～. と言います。「～」には，行った場所を続けます。

☽「私は～を楽しみました。」は，I enjoyed ～. と言います。

camping《キャンピング》
（キャンプ）

hiking《ハイキング》
（ハイキング）

shopping《シャピング》
（買い物）

reading《リーディング》
（読書）

☽感想を言うときは，次のように言います。

I《アイ》 went《ウェント》 to《トゥ》 the《ザ》 sea《スィー》.
I《アイ》 enjoyed《インヂョーイド》 swimming《スウィミング》. It《イト》 was《ワズ》 great《グレイト》!
私は海へ行きました。
水泳を楽しみました。最高でした！

寝る前にもう一度

✪ Where did you go this summer?
—I went to the mountains. I enjoyed fishing.

7. 修学旅行の思い出

□ 月 日
□ 月 日

★ 今夜の表現

We《ウィー》 saw《ソー》 a《ア》 castle《キャスウ》 on《アン》 the《ザ》 school《スクーウ》 trip《トリップ》.

私《わたし》たちは修学旅行で城を見ました。

How《ハウ》 was《ワズ》 it《イト》? それはどうでしたか。

It《イト》 was《ワズ》 beautiful《ビューティフォ》! 美しかったです！

あなたの修学旅行先はどこかな？

★今夜のおさらい

saw は「～を見た」という意味です。

「私《わたし》たちは～を見ました。」と説明するときは，

We saw ～. と言います。

「それはどうでしたか。」と感想をたずねるときは，How was it? と言います。

「～でした。」と感想を言うときには，

It was ～. と言います。「～」の部分には，

様子などを表す単語を続けます。

様子を表す単語は45ページで確かめよう

その他の，したことの言い方を見てみましょう。

I《アイ》 enjoyed《インヂョーイド》 talking《トーキング》 with《ウィズ》 friends《フレンヅ》.

It《イト》 was《ワズ》 fun《ファン》.

私は友達とおしゃべりを楽しんだよ。

楽しかったよ。

寝る前にもう一度

We saw a castle on the school trip.

—How was it? —It was beautiful!

8. 思い出の行事

☐ 月 日
☐ 月 日

★今夜の表現

What's《フワッツ》 your《ユアァ》 best《ベスト》 memory《メモリ》?

あなたのいちばんの思い出は何ですか。

My《マイ》 best《ベスト》 memory《メモリ》 is《イズ》 our《アウアァ》 sports《スポーツ》 day《デイ》.

ぼくのいちばんの思い出は運動会です。

★今夜のおさらい

「あなたのいちばんの思い出は何ですか。」とたずねるときは，What's your best **memory**? と言います。

bestは「いちばんの」という意味だよ。

「私《わたし》のいちばんの思い出は〜です。」のように答えるときには，My best **memory** is 〜. と言います。

学校行事を表す単語は41ページで確かめよう

行事のある時期をしょうかいするときは，次のように言います。

We《ウィー》 have《ヘアヴ》 a《ア》 fireworks《ファイアワ〜クス》 festival《フェスティヴォウ》 in《イン》 summer《サマア》.
夏には花火大会があります。

We《ウィー》 have《ヘアヴ》 Dolls'《ダーウズ》 Festival《フェスティヴォウ》 in《イン》 March《マーチ》.
3月にはひな祭りがあります。

年中行事を表す単語は39ページで確かめよう

寝る前にもう一度

What's your best memory?
—My best memory is our sports day.

★今夜の表現

What《フワット》 club《クラブ》 do《ドゥ》 you《ユー》 want to《ワーントゥ》 join《チョーイン》?

あなたは何部に入りたいですか。

I《アイ》 want to《ワーントゥ》 join《チョーイン》 the《ザ》 soccer《サーカァ》 team《ティーム》.

ぼくはサッカー部に入りたいです。

I《アイ》 want to《ワーントゥ》 join《チョーイン》 the《ズィ》 art《アート》 club《クラブ》.

私《わたし》は美術部に入りたいです。

★今夜のおさらい

相手に入りたい部活動をたずねるときは，
What club do you want to join ?
（あなたは何部に入りたいですか。）と言います。

自分が入りたい部活動を答えるときは，
I want to join the ~ team[club].
（私《わたし》は～部に入りたいです。）と言います。
ふつう soccer などの運動系《けい》の部には team を，
art などの文化系の部には club を使います。

スポーツを表す単語は37ページで確かめよう

よりくわしく説明するときは，次のように言うこともできます。

I《アイ》 want to《ワーントゥ》 join《ヂョーイン》 the《ズィ》 art《アート》 club《クラブ》.
I《アイ》 like《ライク》 art《アート》.　I'm《アイム》 good《グード》 at《アト》 drawing《ドローイング》.
私は美術部に入りたいです。
私は美術が好きです。私は絵をかくのが得意です。

寝る前にもう一度

What club do you want to join?
—I want to join the soccer team [art club].

★今夜の表現

What《フワット》 do《ドゥ》 you《ユー》 want《ワーントゥ》 to be《ビー》
in《イン》 the《ザ》 future《フューチャア》?

あなたは将来何になりたいですか。

I《アイ》 want《ワーントゥ》 to be《ビー》 an《アン》 artist《アーティスト》.

ぼくは芸術家になりたいです。

I《アイ》 want《ワーントゥ》 to be《ビー》 a《ア》 teacher《ティーチャア》.

私《わたし》は先生になりたいです。

★今夜のおさらい

相手に将来《しょうらい》なりたいものをたずねるときは、What do you want to be?（あなたは何になりたいですか。）と言います。

in the future は「将来（は）」という意味です。

自分がなりたいものを答えるときは、I want to be ～.（私《わたし》は～になりたいです。）と言います。「～」の部分には、職業を表す単語を続けます。

cook《クック》（料理人）

doctor《ダクタァ》（医師）

soccer《サーカァ》 player《プレイアァ》（サッカー選手）

singer《スィンガァ》（歌手）

なりたい理由も加えて言ってみましょう。

I《アイ》 want to《ワーントゥ》 be《ビー》 a《ア》 florist《フローリスト》.
I《アイ》 like《ライク》 flowers《フラーウアァズ》.
私はお花屋さんになりたいです。
私は花が好きです。

寝る前にもう一度

What do you want to be in the future?
—I want to be an artist [a teacher].

11. 月・季節

□　　月　　日
□　　月　　日

★今夜の単語

1月
January《ヂェアニュエリ》

2月
February《フェブルエリ》

3月
March《マーチ》

4月
April《エイプリゥ》

5月
May《メイ》

6月
June《ヂューン》

7月
July《ヂュラーイ》

8月
August《オーガスト》

9月
September《セプテンバァ》

10月
October《アクトウバァ》

11月
November《ノウヴェンバァ》

12月
December《ディセンバァ》

spring《スプリング》 春

summer《サマァ》 夏

fall《フォーゥ》 / autumn《オータム》 秋

winter《ウィンタァ》 冬

★今夜のおさらい

1月から順になるように、□にアルファベットを入れよう。

January → February → March →

April → May → June →

July → August → September →

October → November → December

アルファベットを並《なら》べかえて、イラストに合う単語を完成させよう。

[g, i, n, p, r, s] → spring《スプリング》

[e, i, n, r, t, w] → winter《ウィンタァ》

[e, m, r, m, s, u] → summer《サマァ》

12. 時間帯・曜日など

□ 月 日
□ 月 日

★今夜の単語

morning《モーニング》 朝

breakfast《ブレクファスト》 朝食

afternoon《エァフタヌーン》 午後

lunch《ランチ》 昼食

evening《イーヴニング》 夕方

dinner《ディナァ》 夕食

night《ナーイト》 夜

Sunday《サンデイ》 日曜日

Monday《マンデイ》 月曜日

Tuesday《テューズデイ》 火曜日

Wednesday《ウェンズデイ》 水曜日

Thursday《サ〜ズデイ》 木曜日

Friday《フラーイデイ》 金曜日

Saturday《セァタデイ》 土曜日

★今夜のおさらい

日曜日から順になるように、□にアルファベットを入れよう。

Sunday → Monday →

Tuesday → Wednesday →

Thursday → Friday →

Saturday

曜日は大文字で書き始めるよ。

左の単語とかかわりが深い単語になるように、空らんをうめよう。

morning《モーニング》 → breakfast《ブレクファスト》
（朝）

evening《イーヴニング》 → dinner《ディナァ》
（夕方）

star《スターァ》 → night《ナーイト》
（星）

13. 身の回りのもの

□　月　日
□　月　日

★今夜の単語

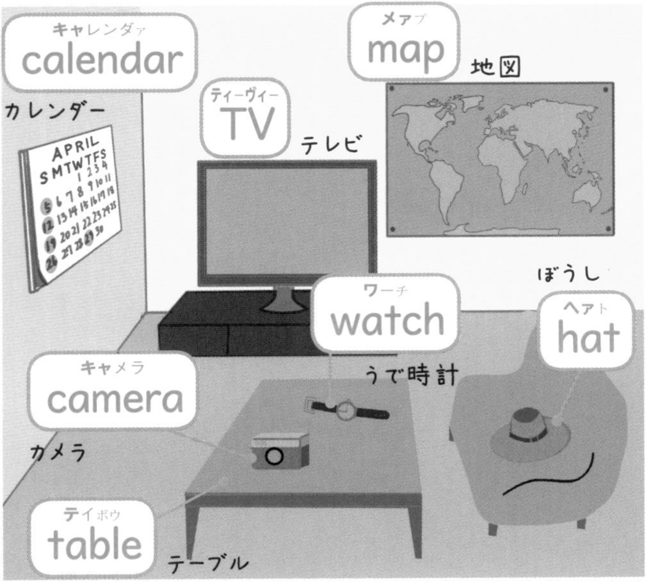

calendar《キャレンダァ》
カレンダー
APRIL
SMTWTFS
map《メアプ》
地図
TV《ティーヴィー》
テレビ
watch《ワーチ》
うで時計
hat《ヘアト》
ぼうし
camera《キャメラ》
カメラ
table《テイボウ》
テーブル

card《カード》　カード

stapler《ステイプラァ》　ホチキス

gloves《グラヴズ》　手ぶくろ

bike《バイク》 / bicycle《バーイスィコウ》　自転車

shirt《シャ〜ト》　シャツ

shoes《シューズ》　くつ

★今夜のおさらい

イラストに合う単語を選ぼう。

P.E.《ピーイー》 ・ TV《ティーヴィー》

calendar《キャレンダァ》 ・ map《メアプ》

gloves《グラヴズ》 ・ shoes《シューズ》

アルファベットを並《なら》べかえて，イラストに合う単語を完成させよう。

[a, e, b, t, l] → table《テイボウ》

[a, c, h, t, w] → watch《ワーチ》

[a, c, a, e, m, r] → camera《キャメラ》

[i, h, r, s, t] → shirt《シャ〜ト》

14. 国

□　月　日
□　月　日

★今夜の単語

America《アメリカ》

アメリカ

Australia《オーストレイリャ》

オーストラリア

Brazil《ブラズィゥ》

ブラジル

China《チャーイナ》

中国

Egypt《イーヂプト》

エジプト

India《インディア》

インド

Italy《イタリ》

イタリア

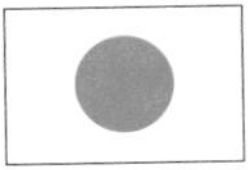

Japan《ヂャペアン》

日本

Canada《キャナダ》　カナダ

France《フレアンス》　フランス

Germany《ヂャ〜マニ》　ドイツ

Kenya《ケニャ》　ケニア

Korea《コリーア》　韓国《かんこく》

Russia《ラッシャ》　ロシア

Spain《スペイン》　スペイン

Thailand《ターイレアンド》　タイ

★今夜のおさらい

イラストに合う単語を選ぼう。

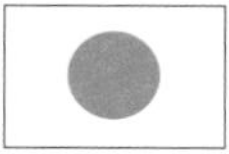

Japan《ヂャペァン》 ・ Kenya《ケニャ》

Brazil《ブラズィゥ》 ・ America《アメリカ》

Canada《キャナダ》 ・ India《インディア》

左の単語とかかわりが深い単語になるように、
空らんをうめよう。

pizza《ピーツァ》 (ピザ) → Italy《イタリ》

koala《コウアーラ》 (コアラ) → Australia《オーストレイリャ》

panda《ペァンダ》 (パンダ) → China《チャーイナ》

pyramid《ピラミド》 (ピラミッド) → Egypt《イーヂプト》

□ 月 日
□ 月 日

★今夜の単語

zoo《ズー》 動物園	castle《キャスウ》 城
temple《テンポウ》 寺	shrine《シュラーイン》 神社
museum《ミューズィーアム》 博物館	stadium《ステイディアム》 競技場
amusement《アミューズメント》 park《パーク》 遊園地	

★ 今夜のおさらい

イラストに合う単語を選ぼう。

island《アイランド》 ・ mountain《マウントン》

sea《スィー》 ・ tree《トリー》

stadium《スティディアム》 ・ temple《テンポウ》

アルファベットを並《なら》べかえて，イラストに合う単語を完成させよう。

[e, i, r, v, r] → river《リヴァァ》

[a, b, e, c, h] → beach《ビーチ》

[e, m, m, s, u, u] → museum《ミューズィーアム》

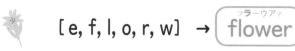

[e, f, l, o, r, w] → flower《フラーウアァ》

★今夜の単語

soccer《サーカァ》
サッカー

tennis《テニス》
テニス

baseball《ベイスボーゥ》
野球

basketball《ベァスキッボーゥ》
バスケットボール

badminton《ベァドミントン》
バドミントン

swimming《スウィミング》
水泳

skiing《スキーイング》
スキー

dodgeball《ダッヂボーゥ》　ドッジボール

surfing《サ～フィング》　サーフィン

volleyball《ヴァーリボーゥ》　バレーボール

skating《スケイティング》　スケート

table tennis《テイボゥ テニス》　卓球《たっきゅう》

★今夜のおさらい

イラストに合う単語を選ぼう。

basketball《ベアスキッボーウ》 ・ baseball《ベイスボーウ》

skiing《スキーイング》 ・ swimming《スウィミング》

soccer《サーカァ》 ・ badminton《ベアドミントン》

table《テイボウ》 tennis《テニス》 ・ dodgeball《ダッヂボーウ》

左のイラストとかかわりが深い単語を選ぼう。

soccer《サーカァ》 ・ skating《スケイティング》

surfing《サ～フィング》 ・ tennis《テニス》

baseball《ベイスボーウ》 ・ volleyball《ヴァーリボーウ》

17. 年中行事

□ 月 日
□ 月 日

★今夜の単語

Christmas《クリスマス》
クリスマス

New《ニュー》 Year's《イアァズ》 Day《デイ》
元日

Dolls'《ダーウズ》 Festival《フェスティヴォウ》
ひな祭り

Halloween《ヘァロウイーン》
ハロウィーン

七夕
Star《スタァ》 Festival《フェスティヴォウ》

こどもの日
Children's《チウドレンズ》 Day《デイ》

birthday《バ〜スデイ》 誕生《たんじょう》日《び》

fireworks《ファーイアワ〜クス》 花火

vacation《ヴェイケイション》 休み

New《ニュー》 Year's《イアァズ》 Eve《イーヴ》 大みそか

★今夜のおさらい

アルファベットを並《なら》べかえて，イラストに合う単語を完成させよう。

[a, t, a, c, i, n, o, v] → vacation《ヴェイケイション》

[a, b, d, h, i, r, t, y] → birthday《バ～スデイ》

[e, f, i, k, o, r, s, w, r] → fireworks《ファーイアワ～クス》

[r, t, S, a] → Star《スタァ》 Festival《フェスティヴォウ》

イラストに合う単語を選ぼう。

Christmas《クリスマス》 • New《ニュー》 Year's《イアァズ》 Day《デイ》

New《ニュー》 Year's《イアァズ》 Eve《イーヴ》 • Dolls'《ダーウズ》 Festival《フェスティヴォウ》

Children's《チウドレンズ》 Day《デイ》 • Halloween《ヘァロウイーン》

★今夜の単語

sports《スポーツ》 day《デイ》
運動会

field《フィーウド》 trip《トリップ》
遠足

summer《サマァ》 vacation《ヴェイケイション》
夏休み

school《スクーウ》 trip《トリップ》
修学旅行

drama《ドラーマ》 festival《フェスティヴォウ》　演劇《えんげき》会，学芸会

music《ミューズィク》 festival《フェスティヴォウ》　音楽会

swimming《スウィミング》 meet《ミート》　水泳大会

entrance《エントランス》 ceremony《セレモウニ》　入学式

★今夜のおさらい

イラストに合う単語を選んで線で結ぼう。

school《スクーウ》 trip《トリップ》

summer《サマァ》 vacation《ヴェイケイション》

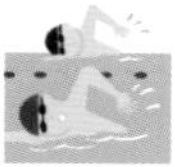

entrance《エントランス》 ceremony《セレモウニ》

swimming《スウィミング》 meet《ミート》

アルファベットを並《なら》べかえて，イラストに合う単語を完成させよう。

[i, p, r, t] → field《フィーウド》 trip《トリップ》

[s, o, p, s, t, r] → sports《スポーツ》 day《デイ》

[i, c, m, u, s] → music《ミューズィク》 festival《フェスティヴォウ》

★今夜のことば

get《ゲット》 up《アプ》 起きる

go《ゴウ》 to《トゥ》 school《スクーゥ》 学校に行く

go《ゴウ》 home《ホウム》 家に帰る

take《テイク》 a《ア》 bath《ベアス》 ふろに入る

go《ゴウ》 to《トゥ》 bed《ベード》 ねる

do《ドゥー》 my《マイ》 homework《ホウムワ〜ク》 宿題をする

wash《ワーシュ》 the《ザ》 dishes《ディッシイズ》 食器を洗《あら》う

brush《ブラシュ》 my《マイ》 teeth《ティース》 歯をみがく

get《ゲット》 the《ザ》 newspaper《ニューズペイパァ》 新聞を取りに行く

★今夜のおさらい

イラストに合う単語を選ぼう。

[get《ゲット》 ・ go《ゴウ》] up《アプ》

[go《ゴウ》 ・ do《ドゥー》] my《マイ》 homework《ホウムワ〜ク》

[get《ゲット》 ・ go《ゴウ》] to《トゥ》 bed《ベード》

アルファベットを並《なら》べかえて，イラストに合うことばを完成させよう。

[a, h, s, w] → wash《ワーシュ》 the《ザ》 dishes《ディッシィズ》

[a, e, k, t] → take《テイク》 a《ア》 bath《ベアス》

[e, h, m, o] → go《ゴウ》 home《ホウム》

[c, h, l, o, s, o] → go《ゴウ》 to《トゥ》 school《スクーゥ》

20. 様子・状態

□ 月 日
□ 月 日

★今夜の単語

nice《ナーイス》

よい

cute《キュート》

かわいい

fun《ファン》

楽しいこと

famous《フェイマス》

有名な

new《ニュー》

新しい

old《オウウド》

古い

big《ビーグ》

大きい

small《スモーウ》

小さい

beautiful《ビューティフォ》 美しい

popular《パーピュラァ》 人気のある

exciting《イクサーイティング》 わくわくさせる

interesting《インタリスティング》 おもしろい

★今夜のおさらい

イラストに合う単語を選ぼう。

new《ニュー》 ・ old《オウウド》

big《ビーグ》 ・ exciting《イクサーイティング》

fun《ファン》 ・ cute《キュート》

interesting《インタリスティング》 ・ beautiful《ビューティフォ》

アルファベットを並《なら》べかえて，イラストに合う単語を完成させよう。

[c, e, i, n] → nice《ナーイス》

[a, m, l, s, l] → small《スモーウ》

[a,f,m,s,o,u] → famous《フェイマス》

1. 円の面積

□　　月　　日
□　　月　　日

★ 今夜おぼえること

ゴロ合わせ 円の面積求めたければ，

半（半径）欠け（×）半（半径）欠け（×）さあ，（3.）いい（1）よ（4）!

例

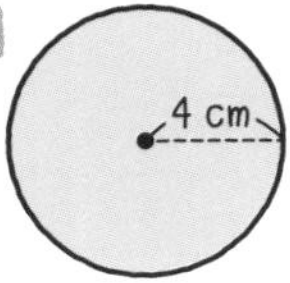

円の面積を求める公式

➡ 円の面積＝半径×半径×円周率（3.14）

左の円の面積は，

$4 \times 4 \times 3.14 = 50.24$ (cm²)

円の一部分の面積 ▶ 同じ半径の円の面積を 2 でわったり，4 でわったり。

例

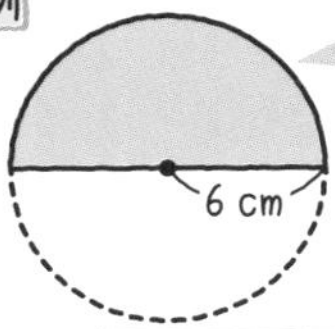

面積は，

$6 \times 6 \times 3.14 \div 2$

$= 56.52$ (cm²)

例

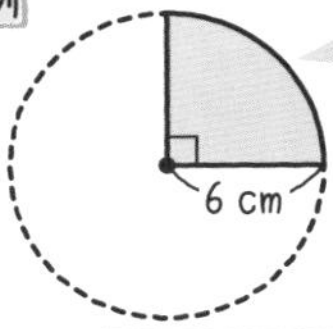

面積は，

$6 \times 6 \times 3.14 \div 4$

$= 28.26$ (cm²)

★今夜のおさらい

✪円の面積は，次の公式で求められます。

円の面積＝［半径］×［半径］×円周率《3.14》

例

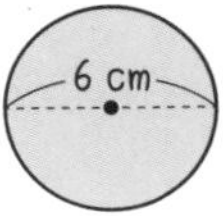

6 cm

左の円の面積を求めると，

半径は，6÷2＝［3］(cm)

面積は，［3］×［3］×3.14＝28.26 (cm^2)

◐円の一部分の面積は，同じ［半径］の円の何分の一になっているかを考えて求めます。

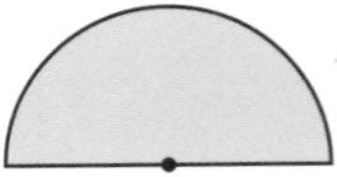

円の$\frac{1}{2}$

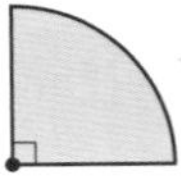

円の$\frac{1}{4}$

例

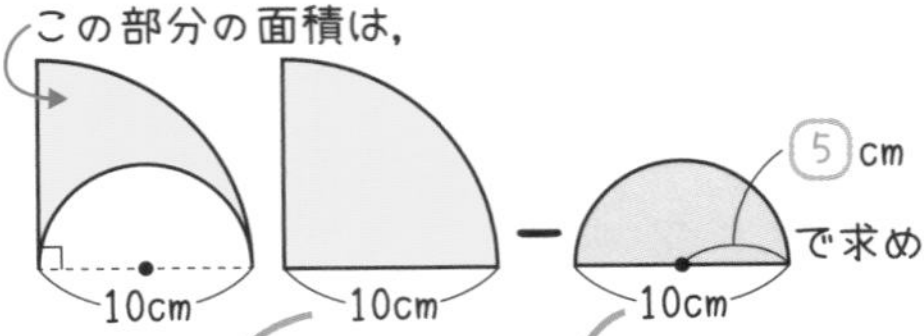

この部分の面積は，
10cm
10cm
－
5 cm
10cm

で求められるから，

［10］×［10］×3.14÷［4］－［5］×［5］×3.14÷［2］

＝78.5－39.25＝39.25 (cm^2)

寝る前にもう一度

- ✪ゴロ合わせ 円の面積求めたければ，半 欠け 半 欠け さあ，いい よ！
- ◐円の一部分の面積▶同じ半径の円の面積を2でわったり，4でわったり。

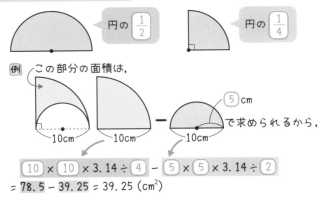

★今夜おぼえること

ことばの式にx《エックス》，a《エー》や数をあてはめれば式がつくれる。

例 

左のあめをx個買ったときの代金を式に表すと，

➡代金＝1個の値段《ねだん》×個数 ← ことばの式

↓20円だから　↓x個だから

20 × x

20×x（円）

2つの数量の関係も，2つの文字を使えば式に表せる。

例 縦《たて》が3 cm，横がa cmの長方形の面積をb《ビー》 cm^2とします。

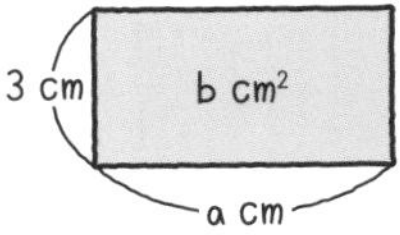

aとbの関係を式に表すと，

➡縦×横＝長方形の面積 ← ことばの式

↓3 cmだから　↓a cmだから　↓b cm^2だから

$3 \times a = b$

$3 \times a = b$

★今夜のおさらい

いろいろと変わる数のかわりに，文字を使って1つの式に表すことができます。

例　長さa《エー》cmのリボンを5等分したときの1本分の長さを式に表すと，

➡ 1本分の長さ＝全体の長さ÷本数　ことばの式

$a \div 5$　　$a \div 5$ (cm)

単位を忘《わす》れずに！

2つの数量の関係を，2つの文字を使って式に表すことができます。

例　x《エックス》円の品物を買って1000円出したときのおつりをy《ワイ》円とします。xとyの関係を式に表すと，

➡ 出したお金－代金＝おつり　ことばの式

$1000 - x = y$　　$1000 - x = y$

上の式で，xの値《あたい》が200のときのyの値を求めると，

$y = 1000 - 200$

$y = 800$

xの値が決まれば，yの値も決まるね。

寝る前にもう一度

- ことばの式にx，aや数をあてはめれば式がつくれる。
- 2つの数量の関係も，2つの文字を使えば式に表せる。

3. 分数のかけ算

□　月　日
□　月　日

★今夜おぼえること

分数×整数 ▶ 分母はそのまま。分子に整数をかける。

b《ビー》/a《エー》 × c《シー》 = (b × c)/a

$$\frac{b}{a}\times c=\frac{b\times c}{a}$$

例　$\frac{2}{7}\times 3=\frac{2\times 3}{7}=\frac{6}{7}$

分数×分数 ▶ 分母どうし，分子どうしをかける。帯分数は，仮分数に。

b/a × d《ディー》/c = (b × d)/(a × c)

$$\frac{b}{a}\times\frac{d}{c}=\frac{b\times d}{a\times c}$$

例　$\frac{2}{7}\times\frac{3}{5}=\frac{2\times 3}{7\times 5}=\frac{6}{35}$

例　$\frac{3}{4}\times\frac{8}{9}=\frac{\overset{1}{\cancel{3}}\times\overset{2}{\cancel{8}}}{\underset{1}{\cancel{4}}\times\underset{3}{\cancel{9}}}=\frac{2}{3}$

4と8で約分

3と9で約分

例　$\frac{2}{5}\times 2\frac{1}{7}=\frac{2}{5}\times\frac{15}{7}=\frac{2\times\overset{3}{\cancel{15}}}{\underset{1}{\cancel{5}}\times 7}=\frac{6}{7}$

$7\times 2+1=15$（分母　整数　分子）

仮分数になおす。

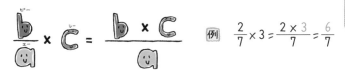

★今夜のおさらい

分数×整数の計算は，分母はそのままにして，分子に整数をかけます。

例 $\dfrac{5}{6}\times 3=\dfrac{5\times \overset{1}{\cancel{3}}}{\underset{2}{\cancel{6}}}=\boxed{\dfrac{5}{2}}\left(2\dfrac{1}{2}\right)$

（2の矢印）とちゅうで約分

分数×分数の計算は，分母どうし，分子どうしをかけます。帯分数のかけ算は，帯分数を仮分数になおして計算します。

例 $\dfrac{2}{5}\times\dfrac{3}{8}=\dfrac{\overset{1}{\cancel{2}}\times 3}{5\times\underset{4}{\cancel{8}}}=\boxed{\dfrac{3}{20}}$

例 $4\times 2+1=9$ ⬅分母×整数＋分子＝仮分数の分子

$2\dfrac{1}{4}\times 1\dfrac{5}{9}=\boxed{\dfrac{9}{4}}\times\boxed{\dfrac{14}{9}}=\dfrac{\overset{1}{\cancel{9}}\times\overset{7}{\cancel{14}}}{\underset{2}{\cancel{4}}\times\underset{1}{\cancel{9}}}=\dfrac{7}{2}$

$9\times 1+5=14$

答えは$3\dfrac{1}{2}$でもいいよ。

寝る前にもう一度

- 分数×整数▶分母はそのまま。分子に整数をかける。
- 分数×分数▶分母どうし，分子どうしをかける。帯分数は，仮分数に。

4. 分数のわり算

★ 今夜おぼえること

分数÷整数 ▶ 分子はそのまま。

分母に整数をかける。

$$\frac{b\text{《ビー》}}{a\text{《エー》}} \div c\text{《シー》} = \frac{b}{a \times c}$$

例　$\frac{2}{3} \div 5 = \frac{2}{3 \times 5} = \frac{2}{15}$

分数÷分数 ▶ わる数の分母と分子

を入れかえて，かけ算に変身！

$$\frac{b}{a} \div \frac{d\text{《ディー》}}{c} = \frac{b}{a} \times \frac{c}{d}$$

例　$\frac{2}{9} \div \frac{5}{6} = \frac{2}{9} \times \frac{6}{5} = \frac{2 \times \cancel{6}^{2}}{\cancel{9}_{3} \times 5} = \frac{4}{15}$

逆数《ぎゃくすう》をかける。

とちゅうで約分。

分母と分子を入れかえた数

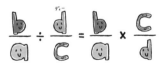

★今夜のおさらい

分数÷整数の計算は，分子はそのままにして，分母にその整数をかけます。

例　$\frac{8}{7}\div 6=\frac{\overset{4}{\cancel{8}}}{7\times\underset{3}{\cancel{6}}}=\frac{4}{21}$

（とちゅうで約分）

2つの数の積が1になるとき，一方の数をもう一方の数の逆数《ぎゃくすう》といいます。

逆数を求めるときは，**分数の形**にして，分母と分子を入れかえます。

例　5の逆数➡$5=\frac{5}{1}$だから，$\frac{1}{5}$

0.3の逆数➡$0.3=\frac{3}{10}$だから，$\frac{10}{3}$

分数でわる計算は，わる数の逆数をかけます。

例　$\frac{3}{5}\div\frac{5}{8}=\frac{3}{5}\times\frac{8}{5}=\frac{3\times 8}{5\times 5}=\frac{24}{25}$

帯分数は仮分数にしてから，逆数にするよ。

寝る前にもう一度

- 分数÷整数▶分子はそのまま。分母に整数をかける。
- 分数÷分数▶わる数の分母と分子を入れかえて，かけ算に変身！

5. 対称な形

□　　月　　日
□　　月　　日

★今夜おぼえること

折ってぴったり線対称《せんたいしょう》。

線対称な形

例

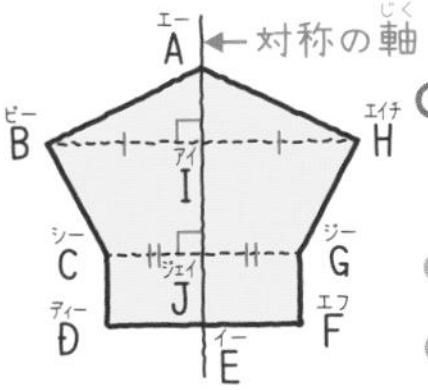

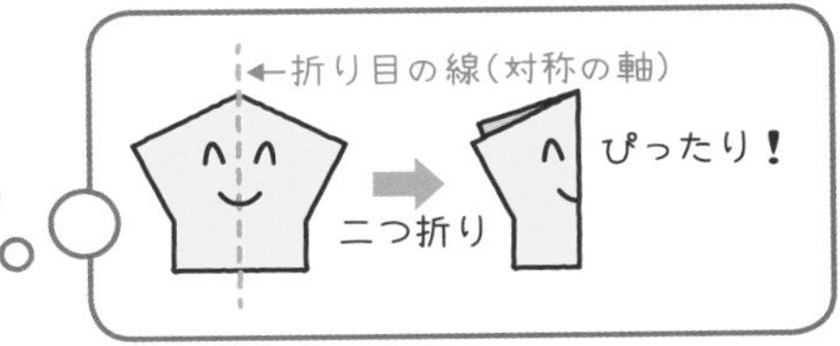

- 点Bと対応《たいおう》する点は点H。
- 直線BHは対称の軸と垂直《すいちょく》に交わり，BIとHIの長さは等しい。

回してぴったり点対称《てんたいしょう》。

点対称な形

例

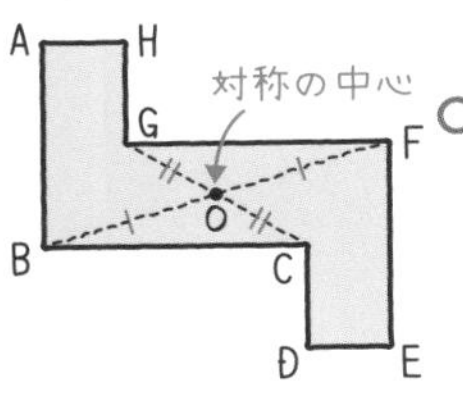

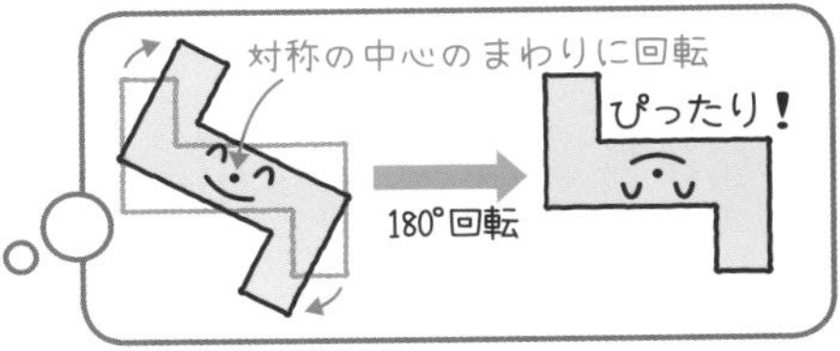

- 点Bと対応する点は点F。
- 直線BFは対称の中心O《オー》を通り，BOとFOの長さは等しい。

★今夜のおさらい

1本の直線を折り目にして**二つ折り**にしたとき、ぴったり重なる形を線対称《せんたいしょう》な形といい、**重なる点、辺、角を、対応《たいおう》する点、辺、角**といいます。

例

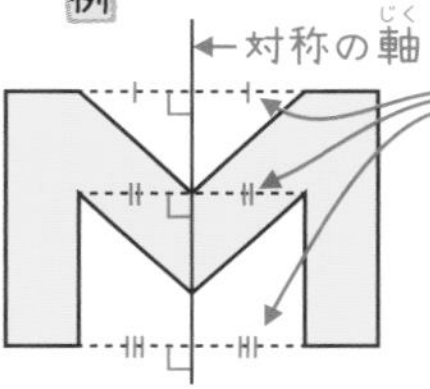

対応する点をつなぐ直線は、

❶対称の軸と垂直《すいちょく》に交わる。

❷交わる点から対応する点までの長さは等しい。

1つの点のまわりに**180°回転**させたとき、もとの形にぴったり重なる形を点対称《てんたいしょう》な形といい、**重なる点、辺、角を、対応する点、辺、角**といいます。

例

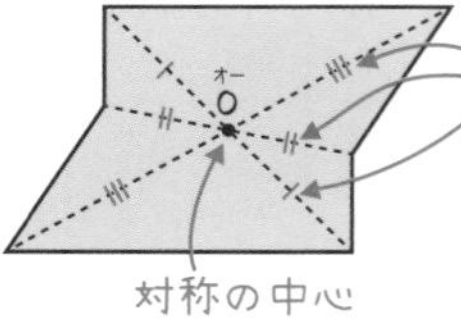

対応する点をつなぐ直線は、

❶対称の中心を通る。

❷対称の中心から対応する2つの点までの長さは等しい。

寝る前にもう一度

- 折ってぴったり線対称。
- 回してぴったり点対称。

★今夜おぼえること

a《エー》：b《ビー》の比《ひ》の値《あたい》は，a÷bを計算しよう！

例　4mと7mの長さの割合《わりあい》を比で表すと，4：7

比の値は，$4 \div 7 = \frac{4}{7}$

2つの比の値が等しいとき，「比は等しい」というよ。

同じ数をかけても同じ数でわっても，比は等しいま〜んま。

例

$$6:9 = 12:18$$

（×2，×2）

例

$$8:12 = 2:3$$

（÷4，÷4）

できるだけ小さい整数の比になおすことを，「比を簡単《かんたん》にする」というよ。

★今夜のおさらい

2つの数量の割合《わりあい》を，記号 **：** を使って表したものを **比《ひ》** といいます。

a《エー》：b《ビー》で，**a÷b** の商を **比の値《あたい》** といいます。

例　4：6の比の値 ➡ 4 ÷ 6 = $\frac{4}{6}$ = $\frac{2}{3}$ ←

1.2：1.8の比の値

➡ 1.2÷1.8 = 12÷ 18 = $\frac{12}{18}$ = $\frac{2}{3}$ ←

比の値が等しいので，この2つの比は等しい。

a：bのaとbに**同じ数をかけたり**，aとbを**同じ数でわったり**してできる比は，a：bと **等しく** なります。

例　3：5 = 6 ： 10（×2，×2）

3：5の3と5の両方に同じ数をかけてできる比は，3：5と等しい。

6：18 = 1 ： 3（÷6，÷6）

6と18の **最大公約数** の6で6と18をわると，比を簡単《かんたん》にできる。

寝る前にもう一度

- a：bの比の値は，a÷bを計算しよう！
- 同じ数をかけても同じ数でわっても，比は等しいま〜んま。

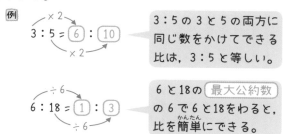

★今夜おぼえること

★形を変えずに辺を のばすと拡大図《かくだいず》。縮《ちぢ》めると縮図《しゅくず》。

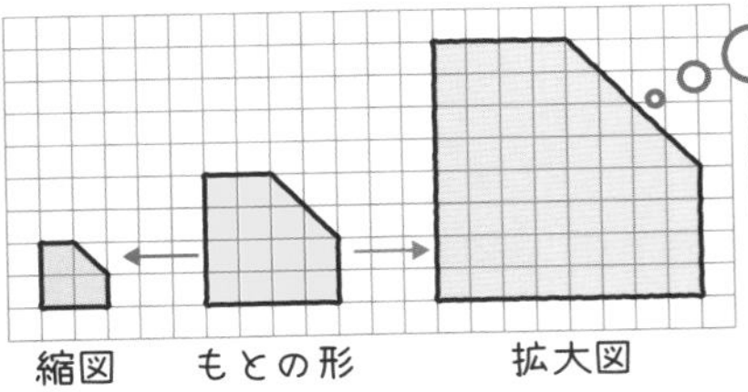

縮図
もとの形
拡大図

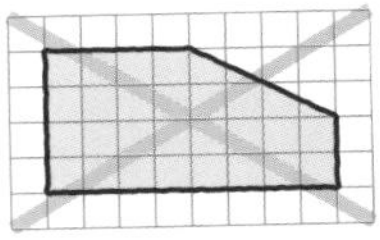

横にだけのばしても拡大図ではない。

☾2倍の拡大図のかき方 ▶辺の長さは2倍で，角の大きさは変えず。

例

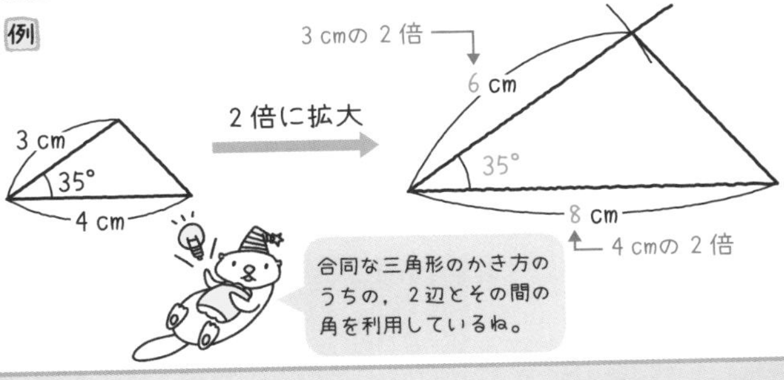

3 cm
35°
4 cm
2倍に拡大
3 cmの 2 倍
6 cm
35°
8 cm
4 cmの 2 倍

合同な三角形のかき方のうちの，2辺とその間の角を利用しているね。

★今夜のおさらい

もとの図を，形を変えずに大きくした図を拡《かく》大《だい》図《ず》，小さくした図を縮《しゅく》図《ず》といいます。

例

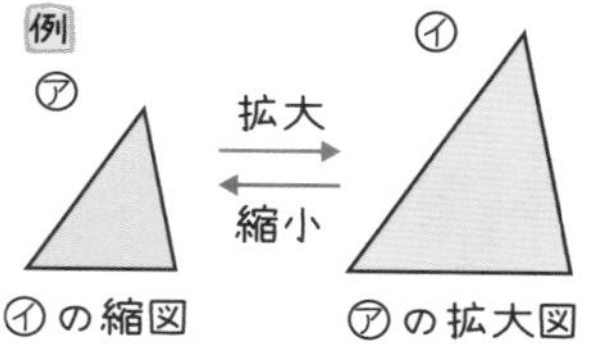

※拡大図と縮図では，

❶対応する辺の長さの比は，どれも等しい。

❷対応する角の大きさは，それぞれ等しい。

拡大図や縮図をかくときは，対応する辺の長さの比と角の大きさを等しくします。

例　3倍の拡大図➡辺の長さを3倍にしてかく。

$\frac{1}{2}$の縮図➡辺の長さを$\frac{1}{2}$にしてかく。

右のように，1点を中心にして，拡大図や縮図をかくこともできるよ。

三角形DBE《ディービーイー》は三角形A《エー》BC《シー》の2倍の拡大図

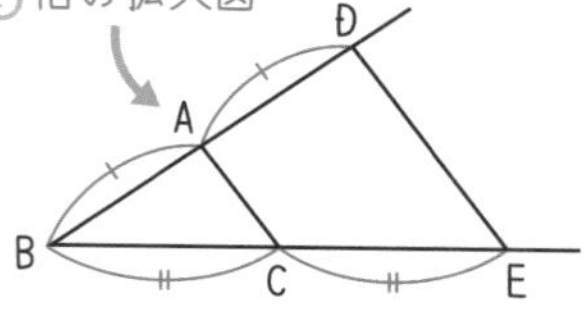

寝る前にもう一度

- 形を変えずに辺をのばすと拡大図。辺を縮《ちぢ》めると縮図。
- 2倍の拡大図のかき方▶辺の長さは2倍で，角の大きさは変えず。

★今夜おぼえること

角柱，円柱の体積

＝底面積《ていめんせき》×高さ

例

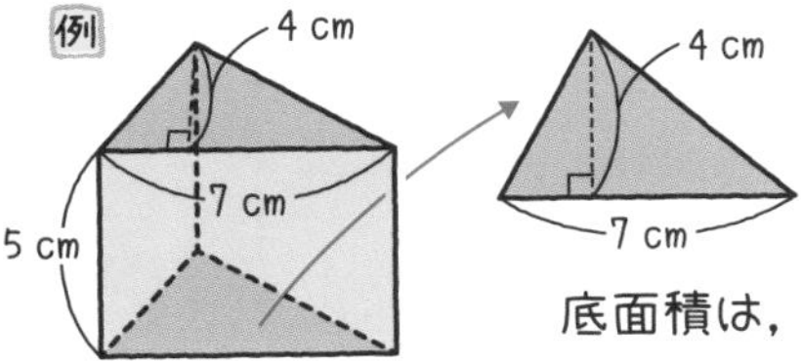

底面の形は三角形

底面積は，$\underset{\text{底辺}}{7} \times \underset{\text{高さ}}{4} \div 2 = 14\ (\mathrm{cm}^2)$

この三角柱の体積は，$\underset{\text{底面積}}{14} \times \underset{\text{高さ}}{5} = 70\ (\mathrm{cm}^3)$

例

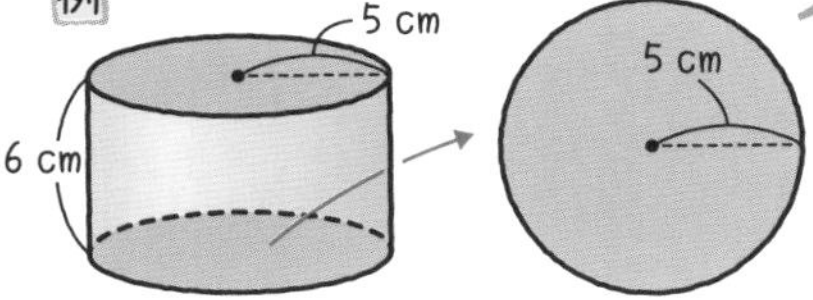

底面の形は円

底面積は，

$\underset{\text{半径}}{5} \times \underset{\text{半径}}{5} \times \underset{\text{円周率}}{3.14}$

$= 78.5\ (\mathrm{cm}^2)$

この円柱の体積は，$\underset{\text{底面積}}{78.5} \times \underset{\text{高さ}}{6} = 471\ (\mathrm{cm}^3)$

ケーキ
だ〜い好き！

おいし
そ〜う！

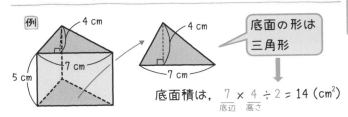

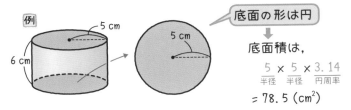

★今夜のおさらい

角柱や円柱の底面の面積を底《てい》面《めん》積《せき》といいます。

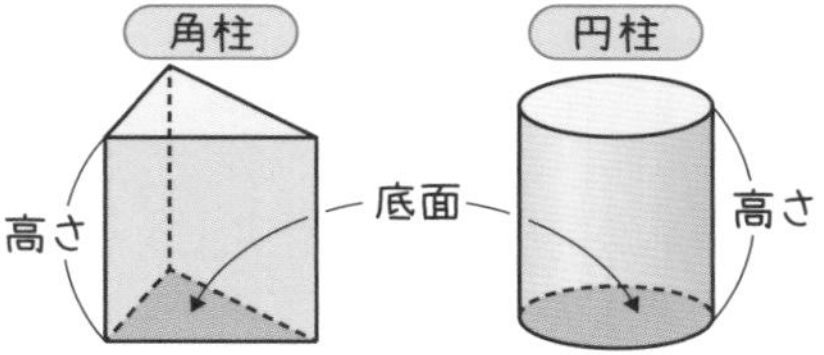

角柱，円柱の体積は，底面積×高さで求められます。

例　右の四角柱の底面は台形だから，底面積は，

(6 + 8) × 5 ÷ 2 = 35 (cm^2)

（6：上底　8：下底　5：高さ）

体積は，35 × 7 = 245 (cm^3)

（35：底面積　7：高さ）

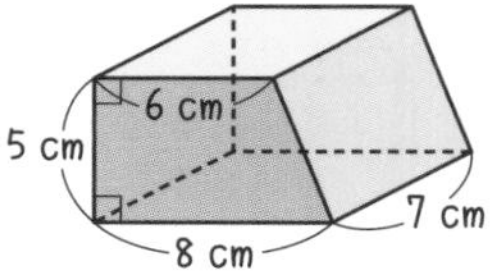

中学入試　右の㋐のような立体を角すい，㋑のような立体を円すいといいます。また，底面が三角形，四角形，…の角すいを三角すい，四角すい，…といいます。

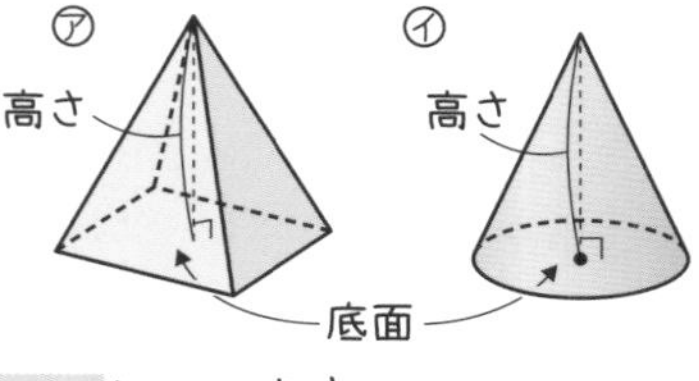

角すいや円すいの体積は，次の公式で求められます。

角すい，円すいの体積＝底面積×高さ×$\frac{1}{3}$

寝る前にもう一度

角柱，円柱の体積＝底面積×高さ

9．比例と反比例

□　月　日
□　月　日

★今夜おぼえること

比例《ひれい》の式 ▶ y《ワイ》＝決まった数×x《エックス》

反比例《はんぴれい》の式 ▶ y＝決まった数÷x

例　右の平行四辺形で，yはxに比例します。これを式に表すと，

y ＝ 2 × x
面積　底辺　高さ

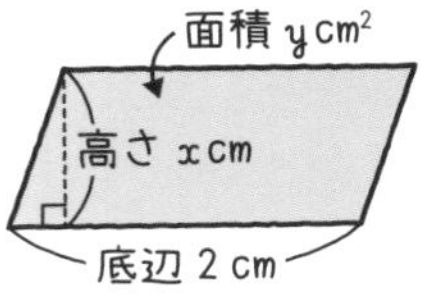
面積 y cm^2
高さ x cm
底辺 2 cm

例　右の長方形で，yはxに反比例します。これを式に表すと，

15 ＝ x × y ⟶ y ＝ 15 ÷ x
面積　縦　横

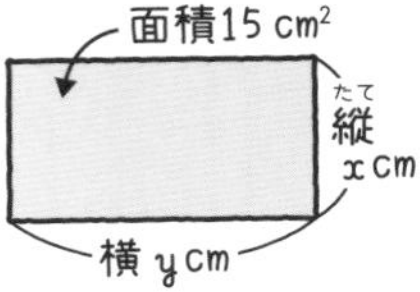
面積15 cm^2
縦《たて》
x cm
横 y cm

比例のグラフ ▶ 0の点を通る直線。

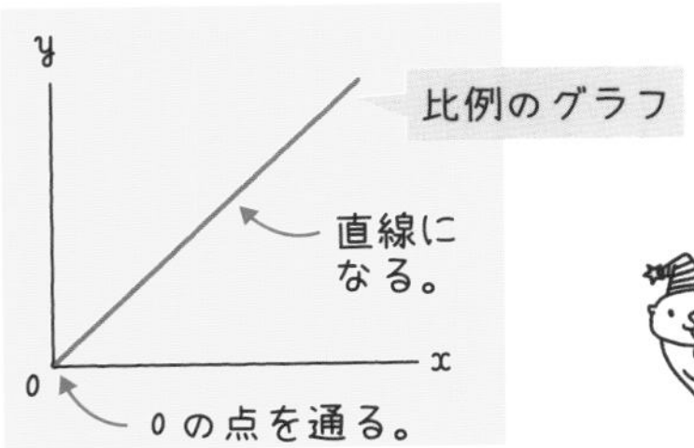
y
x
0
比例のグラフ
直線になる。
0の点を通る。

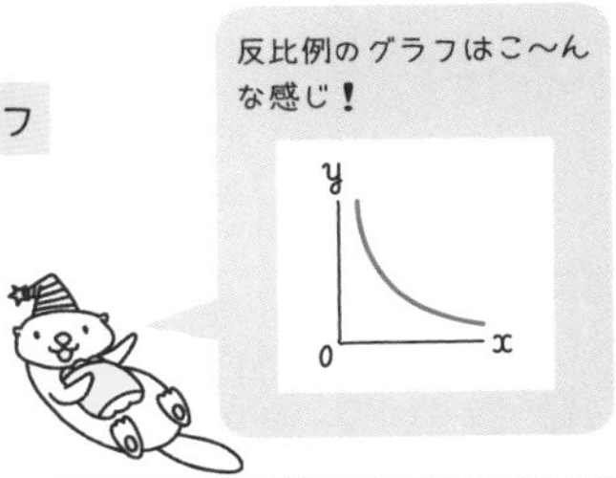
反比例のグラフはこ～んな感じ！
y
x
0

★今夜のおさらい

y《ワイ》が x《エックス》 に比例《ひれい》するとき、

$y \div x$ ＝決まった数

⟶ y ＝ 決まった数 $\times x$

の式が成り立ちます。

yがxに反比例《はんぴれい》するとき、

$x \times y$ ＝決まった数

⟶ y ＝ 決まった数 $\div x$

の式が成り立ちます。

yがxに比例するときは、xが□倍になると、yも□倍になるよ。

yがxに反比例するときは、xが□倍になると、yは$\frac{1}{□}$倍になるよ。

比例のグラフは、

① 0 の点を通ります。

② 直線 になります。

63ページの比例の式
例 $y = 2 \times x$ を
グラフに表すと、
右のようになるよ。

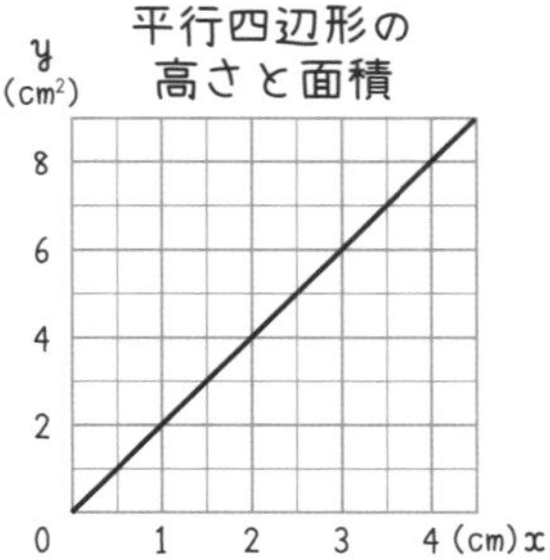
平行四辺形の
高さと面積
y
(cm²)
8
6
4
2
0
1
2
3
4 (cm) x

寝る前にもう一度

- 比例の式▶ y ＝決まった数 $\times x$
- 反比例の式▶ y ＝決まった数 $\div x$
- 比例のグラフ▶ 0 の点を通る直線。

★今夜おぼえること

数直線にデータをドットで表したのがドットプロット。

例　6年1組（17人）のあく力

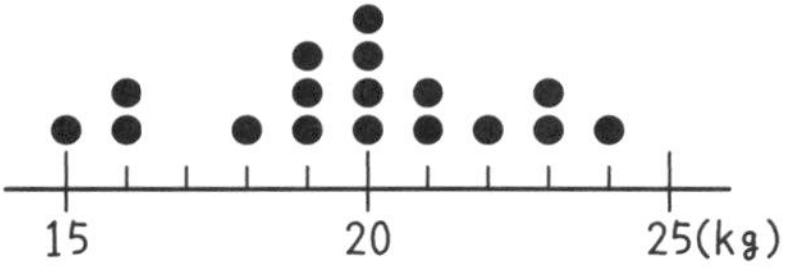
15
20
25(kg)

同じ値《あたい》は点を上に積み上げるよ。

代表値《だいひょうち》▶データの特ちょうを表す平均値《へいきんち》・最頻値《さいひんち》・中央値《ちゅうおうち》。

- 平均値…データの平均
- 最頻値…データの中で，最も多い値《あたい》
- 中央値…データの値を大きさの順に並《なら》べたときの真ん中の値

→これらをまとめて代表値

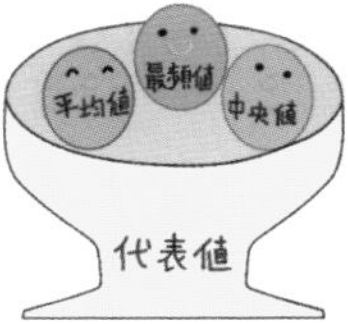
平均値
最頻値
中央値
代表値

★今夜のおさらい

ドットプロットは，データを ドット （点）にして 数直線 に表したもので，**ちらばり**の様子がわかります。

例　6年2組（15人）のあく力

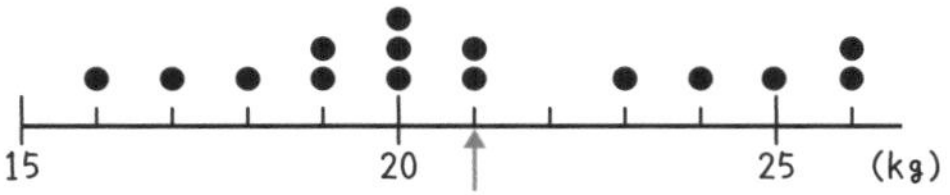
15
20
25
(kg)

平均値《へいきんち》 ← 315÷15＝21(kg)
315：15人のあく力の合計

65ページの6年1組と比べてみよう。

いちばん弱いあく力は， 16kg です。

2組は平均値のあく力より弱い人が 多い です。

代表値《だいひょうち》 は，**データの特ちょう**がわかる値《あたい》で，平均値，最頻値《さいひんち》， 中央値《ちゅうおうち》 があります。

例　上のドットプロットより，
最頻値は， 20kg で，
中央値は，8番めの
値なので， 20kg です。

データの数が偶数《ぐうすう》なら，中央値は真ん中の2つの値の平均だよ。

寝る前にもう一度

- 数直線にデータをドットで表したのが，ドットプロット。
- 代表値▶データの特ちょうを表す平均値・最頻値・中央値。

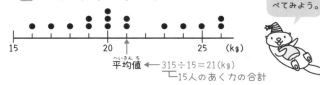

11. 度数分布表とヒストグラム

□　月　日
□　月　日

★今夜おぼえること

ちらばりは、表なら度数分布表《どすうぶんぷひょう》、グラフならヒストグラムで。

これが度数分布表

体重の記録

体重（kg）	人数（人）
以上　未満	
25 ～ 30	2
30 ～ 35	5
35 ～ 40	8
40 ～ 45	3
45 ～ 50	1
合計	19

5kg ずつ5つの区間に分けているね。

これがヒストグラム（柱状《ちゅうじょう》グラフ）

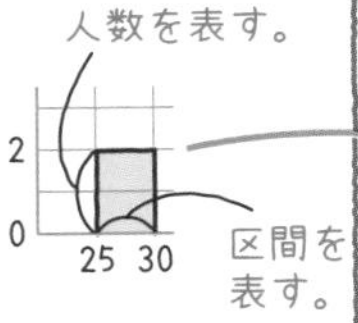

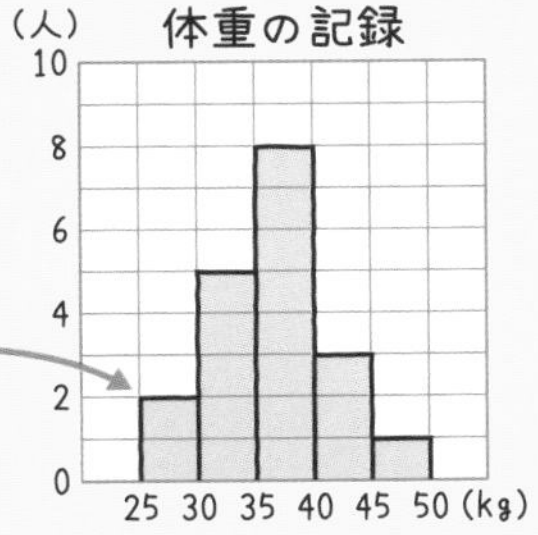

ちらばりのようすが一目でわかるね。

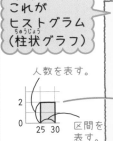

★今夜のおさらい

★資料の特ちょうを表すのに，**代表《だいひょう》値《ち》**や**ちらばり**の様子がよく使われます。

ちらばりの様子がよくわかるように，いくつかの区間に区切って整理した右のような表を**度数分布表《どすうぶんぷひょう》**といいます。

50ｍ走の記録

時間（秒）	人数（人）
以上　未満	
7 ～ 8	1
8 ～ 9	4
9 ～ 10	7
10 ～ 11	5
11 ～ 12	3
合計	20

階級《かいきゅう》 → 8 ～ 9

度数《どすう》 → 7

以上はその数が入り，未満は入らないから，記録が8秒の人は，8秒以上9秒未満の区間に入るね。

上の表を右のように表したグラフを**ヒストグラム**といいます。

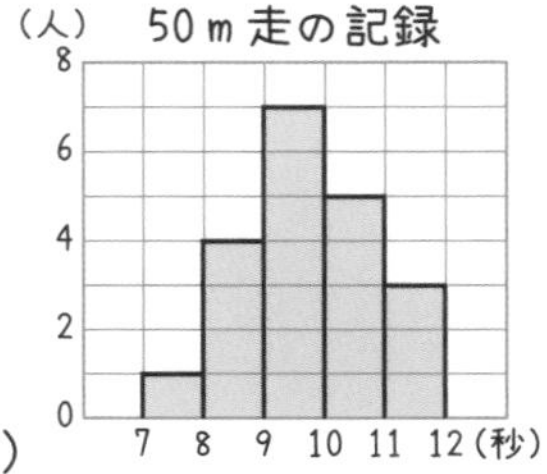

例　9秒未満の人の割合《わりあい》が全体の何％かを求めると，

（1＋4）÷20×100＝25（％）

比べられる量　もとにする量

寝る前にもう一度

★ちらばりは，表なら度数分布表，グラフならヒストグラムで。

★今夜おぼえること

並《なら》べ方は，まず1番めを決めて樹形図《じゅけいず》で。

例　3人の並び方は何通り？

A《エー》　B《ビー》　C《シー》

➡

① ② ③

A ＜ B − C / C − B　2通り

B ＜ A − C / C − A　2通り

C ＜ A − B / B − A　2通り

1番めから順に樹形図で決めていくと，

⬇

全部で6通り！

樹形図は，枝分かれした木のようだね。

2つ選ぶ組み合わせは，組み合わせの表に○をかいて。

例　赤　青　黄　緑

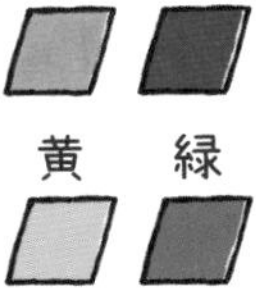

左の色紙から2枚《まい》選ぶ組み合わせは？

⬇

右の表の○の数になるから，全部で6通り！

	赤	青	黄	緑
赤		○	○	○
青			○	○
黄				○
緑				

★今夜のおさらい

並《なら》べ方は，1番めを決めて，2番め，3番め，…の順に図（樹形図《じゅけいず》）を使って調べていきます。

例　1，3，5，7の4枚《まい》の数字カードから3枚選んで並べ，3けたの整数をつくります。

百の位を1と決めたときは，右の図のように6通り。百の位が3，5，7のときも6通りずつできるので，全部で，

6＋6＋6＋6＝6×4＝24（通り）

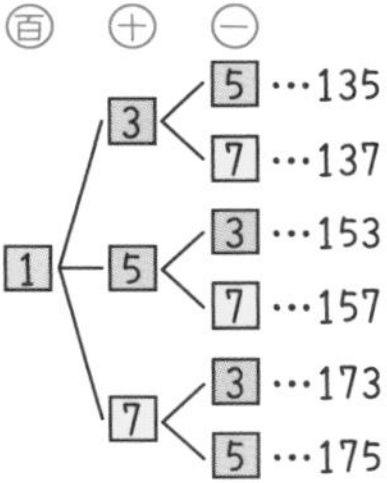

組み合わせの数を調べるときは，表や図を使って，同じ組み合わせがないように注意します。

例　A《エー》，B《ビー》，C《シー》，D《ディー》の4チームで野球の試合をします。どのチームとも1回ずつ試合するときの組み合わせの数は，

	A	B	C	D
A		○	○	○
B			○	○
C				○
D				

←左の表の○の数から，6通り。

右の四角形の2点をつなぐ線の数からも，6通り。→

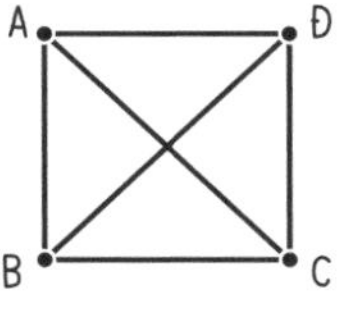

寝る前にもう一度

- 並べ方は，まず1番めを決めて樹形図で。
- 2つ選ぶ組み合わせは，組み合わせの表に○をかいて。

★今夜おぼえること

酸素《さんそ》がなけりゃ、ろうそく燃えず。燃えたあとには二酸化炭素《にさんかたんそ》。

空気の中身、酸素が1で、ちっ素が4。

★今夜のおさらい

ものが燃えるときには，空気中の 酸素《さんそ》 が使われて， 二酸化炭素《にさんかたんそ》 などができます。

ものが燃え続けるためには，火のまわりの空気が 入れかわる ことが必要です。

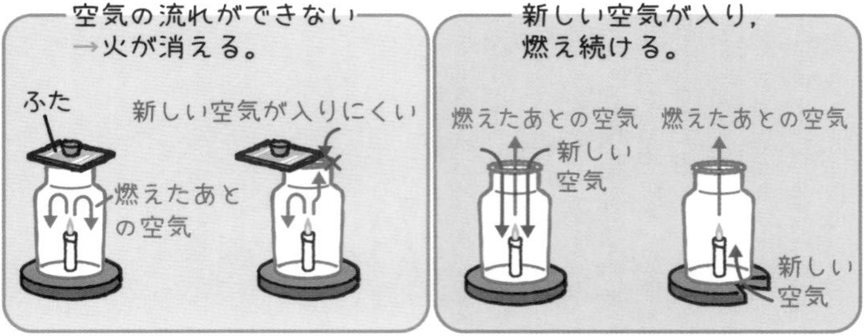

空気の流れができない
→火が消える。
ふた
新しい空気が入りにくい
燃えたあとの空気
新しい空気が入り，
燃え続ける。
燃えたあとの空気
新しい空気
燃えたあとの空気
新しい空気

あたたかくなった空気は
上へ動きます。

空気は， ちっ素 (約$\frac{4}{5}$)， 酸素 (約$\frac{1}{5}$)， 二酸化炭素《にさんかたんそ》，アルゴンなどが混《ま》じり合ってできています。

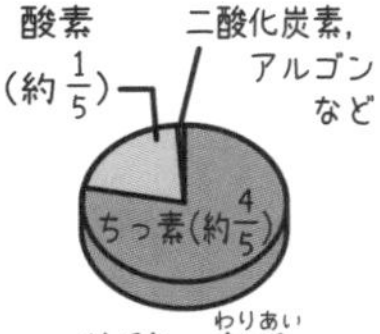

酸素
(約$\frac{1}{5}$)
二酸化炭素，
アルゴン
など
ちっ素(約$\frac{4}{5}$)

体積の割合《わりあい》

寝る前にもう一度

- 酸素がなけりゃ，ろうそく燃えず。燃えたあとには二酸化炭素。
- 空気の中身，酸素が1で，ちっ素が4。

2. 食べ物の消化《しょうか》と呼吸《こきゅう》

□ 月 日
□ 月 日

★今夜おぼえること

だ液で でんぷん変化する。

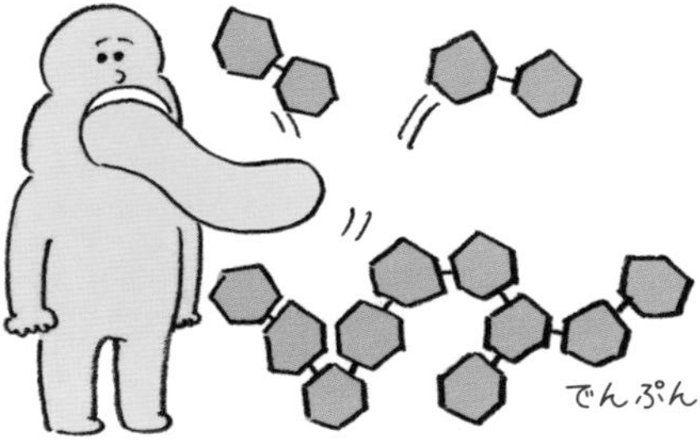

でんぷんは，だ液によって，別のものに変化します。

呼吸は，酸素《さんそ》をとり入れ，二酸化炭素《にさんかたんそ》を出す。

人やウサギなどは，肺《はい》で空気中の酸素をとり入れ，二酸化炭素を空気中に出します。

★今夜のおさらい

食べ物を，体に吸《きゅう》収《しゅう》されやすいものに変化させるはたらきを，消化《しょうか》といいます。

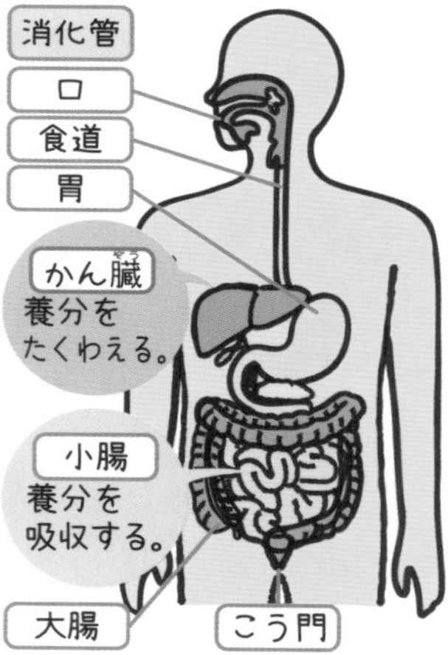

消化管
口
食道
胃
かん臓《ぞう》
養分を
たくわえる。
小腸
養分を
吸収する。
大腸
こう門

口→食道→胃《い》→小《しょう》腸《ちょう》→大腸→こう門と続く食べ物の通り道を消化管《しょうかかん》といいます。

人や動物は，空気中の酸素《さんそ》をとり入れ，二《に》酸化炭素《さんかたんそ》を出しています。これを呼吸《こきゅう》といいます。

呼吸《こきゅう》は，人やウサギなどは肺《はい》で行い，魚はえらで行います。

寝る前にもう一度

- だ液ででんぷん変化する。
- 呼吸は，酸素をとり入れ，二酸化炭素を出す。

3. 心臓《しんぞう》と血液のはたらき

□　月　日
□　月　日

★今夜おぼえること

🌟血液は、心臓から送り出され、全身をめぐり、心臓にもどる。

いってらっしゃい
またくるね
心臓
血液

🌙血液は、行きは酸素《さんそ》を運び、帰りは二酸化炭素《にさんかたんそ》を運ぶ。

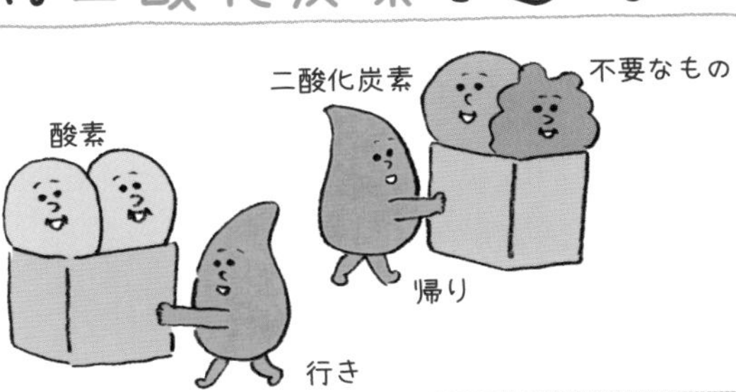
二酸化炭素
不要なもの
酸素
帰り
行き

理科

★今夜のおさらい

血液は，
心臓《しんぞう》→全身→心臓→肺《はい》→心臓
と流れます。

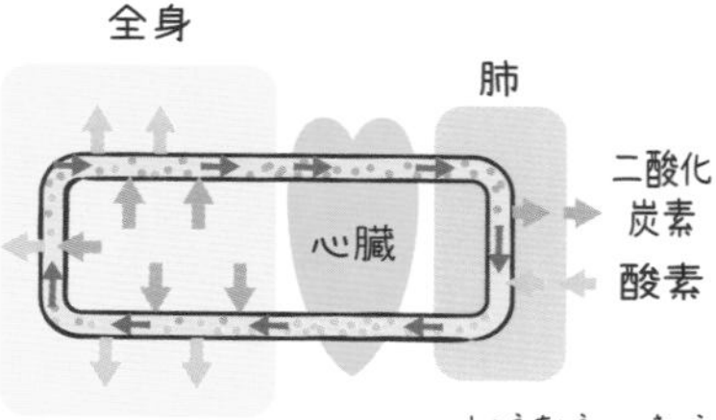

全身
肺
二酸化炭素
酸素
心臓

血液は，肺でとり入れた 酸素《さんそ》 や，小腸《しょうちょう》で吸《きゅう》収《しゅう》した 養分 を，体の各部分に運びます。また，体の各部分から，二酸化炭素《にさんかたんそ》 や 不要 なものを受けとって運びます。

二酸化炭素は肺で空気中に出され，不要なものはじん臓でこしとられるよ。

いろいろな臓器《ぞうき》は，体内をめぐる 血液 を通してつながっています。

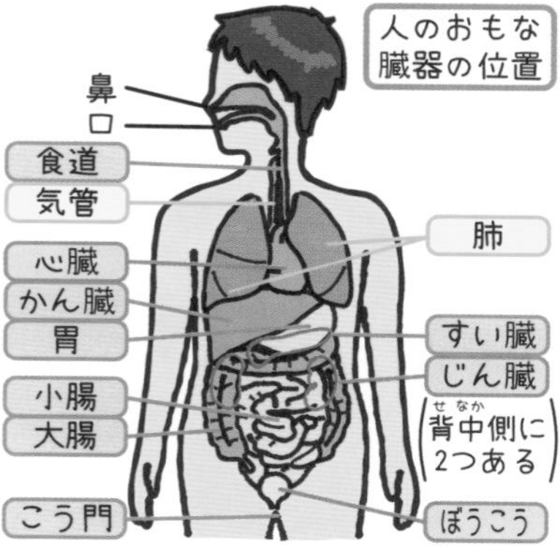

人のおもな臓器の位置
鼻
口
食道
気管
心臓
かん臓
胃
小腸
大腸
こう門
肺
すい臓
じん臓
（背中《せなか》側に2つある）
ぼうこう

寝る前にもう一度

- 血液は，心臓から送り出され，全身をめぐり，心臓にもどる。
- 血液は，行きは酸素を運び，帰りは二酸化炭素を運ぶ。

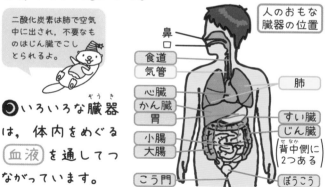

★今夜おぼえること

葉に日光が当たると，でんぷんがつくられる。

植物の葉が日光を受けてでんぷんをつくるはたらきを，光合成といいます。

ヨウ素液×でんぷん＝青むらさき

ヨウ素液は，でんぷんがあると青むらさき色を示します。

★今夜のおさらい

葉に日光が当たると，でんぷんがつくられます。

葉のでんぷんを調べるときは，熱い湯につけたあと，あたためたエタノールに入れて葉の緑色をとかし出します。それを湯で洗《あら》ってからヨウ素液につけます。

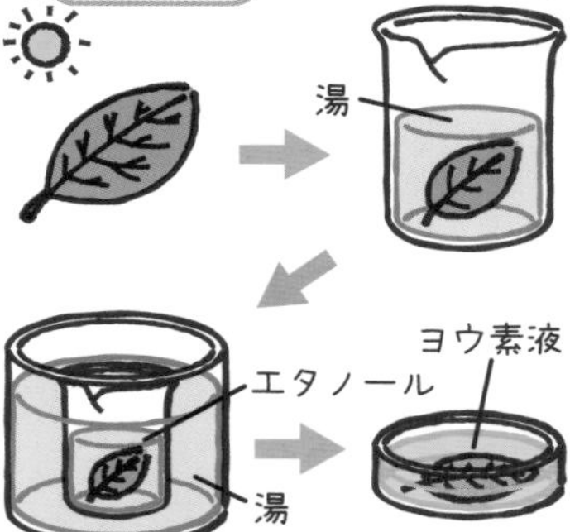

葉でつくられたでんぷんは，次の日の朝にはほとんどなくなっています。

でんぷんは夜のうちに水にとけやすい別のものに変わり，成長するための養分として使われてなくなったり，別のところに移動したりしているよ。

寝る前にもう一度

- 葉に日光が当たると，でんぷんがつくられる。
- ヨウ素液×でんぷん＝青むらさき

★今夜おぼえること

水は，根からとり入れ，葉から出す。

根からとり入れられた水は，水の通り道を通って運ばれ，葉から体の外に出されます。

ゴロ合わせ 水上スキー（水蒸気）の話を聞こう（気こう），派《は》手《で》（葉で）なおじょうさん（蒸散）。

葉に運ばれた水は，水蒸気《すいじょうき》となって，気こうという小さなあなから出て行きます。

★今夜のおさらい

植物のからだには，根・くき・葉とつながった，水の通り道があります。

根からとり入れられた水は，水の通り道を通って，体のすみずみまで運ばれます。

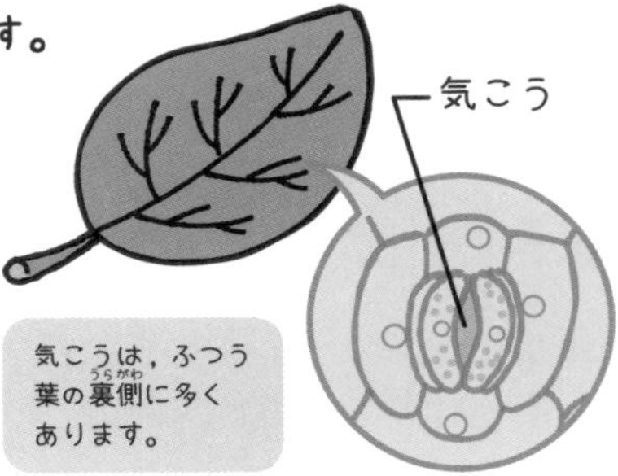

気こうは，ふつう葉の裏側《うらがわ》に多くあります。

葉に運ばれた水は葉の表面にある小さなあな（気こう）から水蒸気《すいじょうき》となって体の外に出されます。これを蒸散《じょうさん》といいます。

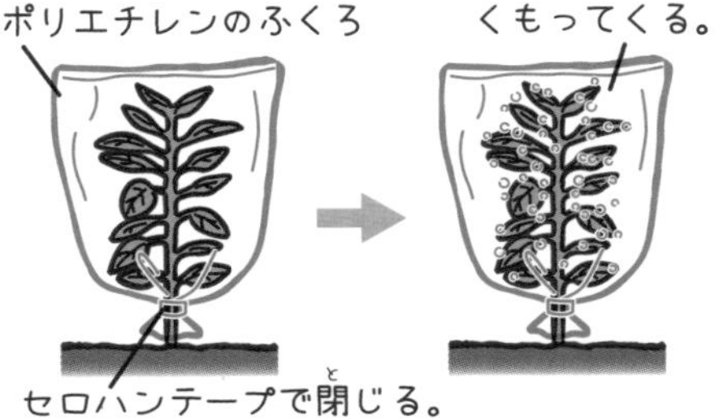

葉のついた植物にポリエチレンのふくろをかぶせておくと，葉から出た水蒸気《すいじょうき》で，ふくろの内側に水てきがつきます。

寝る前にもう一度

- 水は，根からとり入れ，葉から出す。
- 水上スキーの話を聞こう，派手《はで》なおじょうさん。

6. 食べ物を通した生物どうしのつながり

□　　月　　日
□　　月　　日

★今夜おぼえること

食べ物のもとをたどると、

植物にたどりつく。

生物は、「食べる・食べられる」

の関係でつながっている。これを

「食物連《しょくもつれん》さ」という。

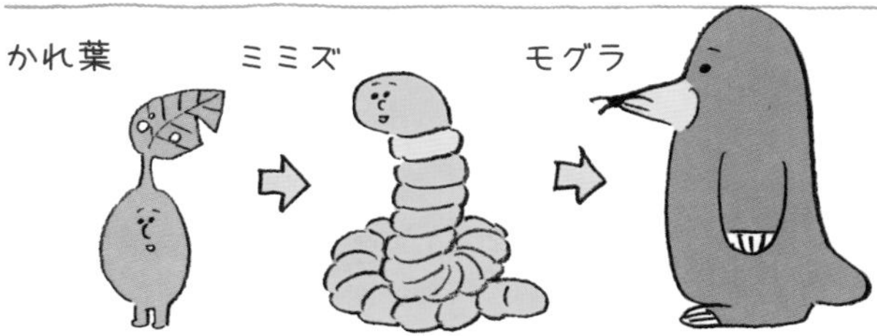

★今夜のおさらい

動物は，植物や，ほかの動物を食べて生きています。動物の食べ物のもとをたどると，植物にたどりつきます。

生物は，「食べる・食べられる」という関係でつながっています。

食物連《しょくもつれん》さは，陸上・水中・土の中など，あらゆる場所で見られるよ。

草食動物《そうしょくどうぶつ》…草や木の葉など，植物だけを食べる動物。かれた植物を食べる動物もいます。

肉食動物《にくしょくどうぶつ》…ほかの動物を食べる動物。

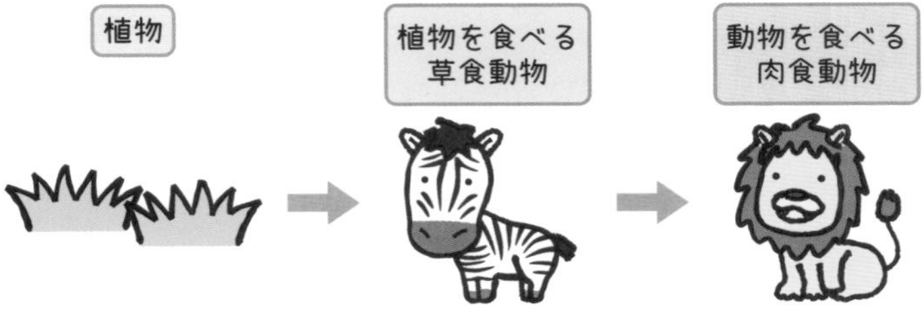

寝る前にもう一度

- 食べ物のもとをたどると，植物にたどりつく。
- 生物は，「食べる・食べられる」の関係でつながっている。これを「食物連さ」という。

★今夜おぼえること

植物は，日光 当たると酸《さん》素《そ》をつくる。

植物だって，昼も夜も呼《こ》吸《きゅう》する。生き物だもの。

植物は，日光が当たっているときも，当たっていないときも，呼吸をしています。呼吸では，人や動物と同じように，酸《さん》素《そ》をとり入れ，二酸化炭《にさんかたん》素《そ》を出します。

★今夜のおさらい

中学入試 植物は，水と二《に》酸《さん》化《か》炭《たん》素《そ》を原料にして，日光のエネルギーを利用して（でんぷん）をつくります。このとき（酸《さん》素《そ》）を出しています。これを（光《こう》合《ごう》成《せい》）といいます。

動物と同じく植物も（呼《こ》吸《きゅう》）を行っています。

日光が当たっているときは，でんぷんをつくるはたらきと，呼吸の両方を行っていますが，でんぷんをつくるはたらきのほうが活発です。

でんぷんをつくるとき

二酸化炭素 とり入れる

出す 酸素

呼吸

二酸化炭素 出す

とり入れる 酸素

生物は，（空気）を通してかかわり合っています。

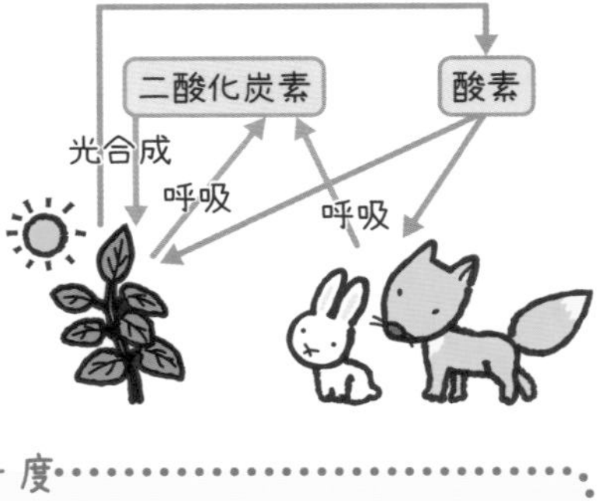

寝る前にもう一度

植物は，日光当たると酸素をつくる。

植物だって，昼も夜も呼吸する。生き物だもの。

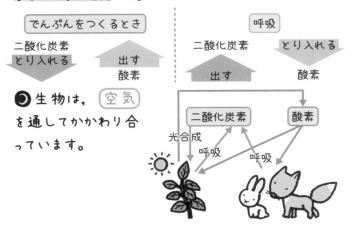

□　月　日
□　月　日

★今夜おぼえること

月は，太陽の光を反射《はんしゃ》して，光って見える。

ゴロ合わせ「参上！」「まかした！」

（三日月→上げんの月→満月→下げんの月→新月）

月の形は，「新月《しんげつ》→三日月《みかづき》→半月《はんげつ》（上げんの月）→満月《まんげつ》→半月（下げんの月）→新月」と，約1か月かけて毎日少しずつ変わって見えます。

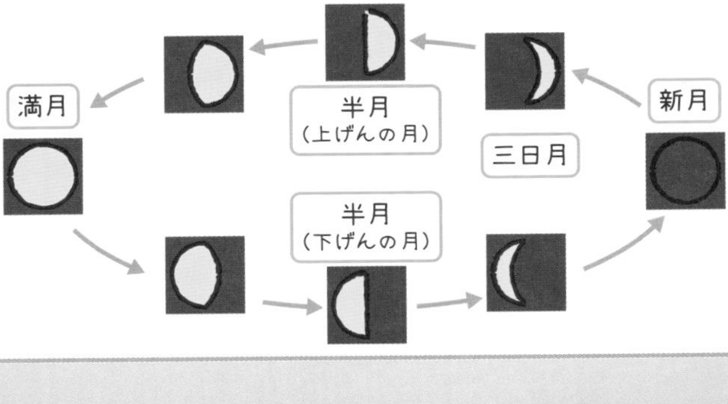

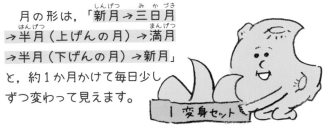

★今夜のおさらい

月は，地球から見たとき，太陽の光が当たっている部分が，光って見えます。

月の形は，月と太陽と地球の位置関係が変わることで，毎日変わって見えます。

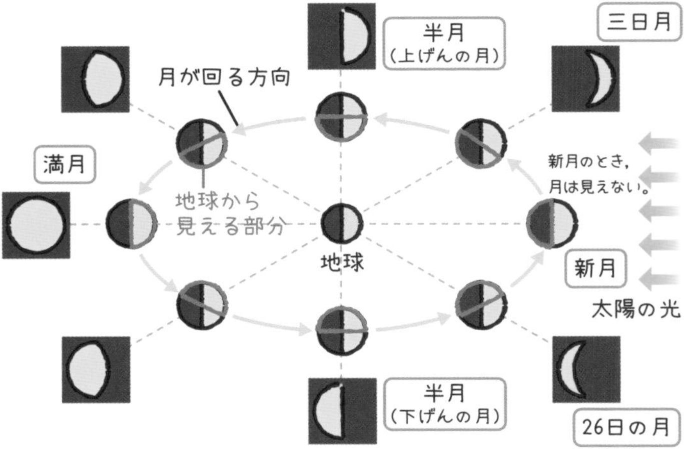

半月
（上げんの月）
三日月
月が回る方向
満月
新月のとき，
月は見えない。
地球から
見える部分
地球
新月
太陽の光
半月
（下げんの月）
26日の月

寝る前にもう一度

月は，太陽の光を反射《はんしゃ》して，光って見える。

「参上！」「まかした！」

9. 月と太陽の表面のようす

□　月　日
□　月　日

★今夜おぼえること

月の表面は，岩や砂《すな》ばかり。

月の表面は，かたい岩石や砂などでおおわれています。

太陽は，自分で光っている。

太陽は，みずから強い光を出しています。黒点《こくてん》とよばれるしみのようなものも見られます。

★今夜のおさらい

月の表面は，かたい岩石や砂《すな》などでおおわれ，クレーターという円形のくぼみがたくさんあります。

▲地球から見える側の月

提供：NASA/JPL/USGS

▲月の表面のクレーター（写真は月の裏側《うらがわ》にあるクレーター）

提供：NASA

太陽は，みずから強い光を出して，かがやいています。表面ははげしく動いていて，黒点《こくてん》とよばれるもの（温度が低い部分）も見られます。

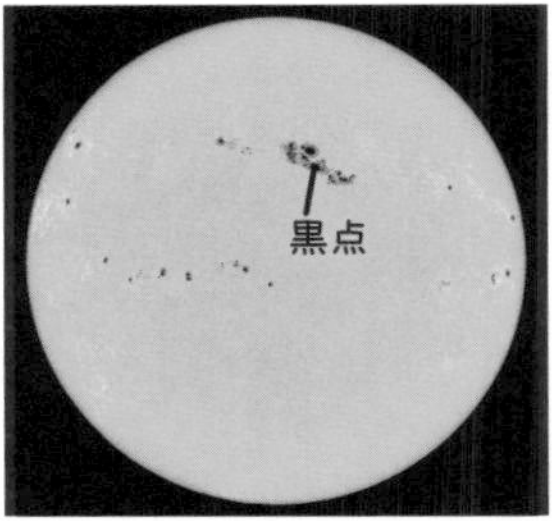

▲特しゅなカメラで見た太陽

提供：SOHO（ESA＆NASA）

寝る前にもう一度

- 月の表面は，岩や砂《すな》ばかり。
- 太陽は，自分で光っている。

★今夜おぼえること

化石《かせき》は，大昔の生物のからだや足あと，すみかなどが残ったもの。

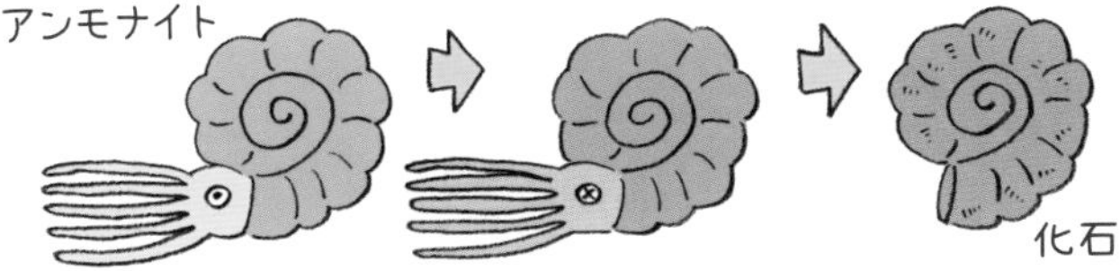

ゴロ合わせ　火山 カクカク。
（火山のはたらき）（角ばっている）
水流 マルマル。
（水のはたらき）（丸みをおびている）

火山のはたらきでできた地層は，つぶが角《かど》ばっています。水のはたらきでできた地層は，つぶが丸みをおびています。

★今夜のおさらい

大昔の生物の体や足あと，すみかなどが地層《ちそう》の中に残ったものを化石《かせき》といいます。

▲ブナの葉の化石

地層は，れきや砂《すな》，どろなどが層になって重なったもので，横にもおくにも広がっています。地面の下にも地層は重なっています。

地層には，火山のはたらきでできたものと，水のはたらきでできたものとがあります。

火山のはたらきでできた地層のつぶ	・角ばっている。 ・小さなあながあるものも見られる。
水のはたらきでできた地層のつぶ	・角がとれている。 ・丸みをおびているものが多い。

寝る前にもう一度

化石は，大昔の生物の体や足あと，すみかなどが残ったもの。

火山カクカク。水流マルマル。

★今夜おぼえること

断層《だんそう》で地震《じしん》が起きるんだ(ん)そう。

大地のずれ（断層）で地震が起き，地割《じわ》れやがけくずれを生じて，大地のようすが変化することがあります。

火山のふん火で，土地のようすが変化する。

火山がふん火すると，よう岩や火《か》山灰《ざんばい》がふき出すことがあります。

火山灰
よう岩
火山
火山は，温泉《おんせん》や地熱《ちねつ》発電などのめぐみをもたらしてくれるよ。

★今夜のおさらい

地震《じしん》で土地の形が変わり，津波《つなみ》や地割《じわ》れ，土砂《どしゃ》くずれなど，さまざまなひ害が起こることがあります。

- 災害《さいがい》に備える…地域《ちいき》で起きた災害を学んでおく。
- 防災対策《ぼうさいたいさく》…避難《ひなん》する方法を知っておく。

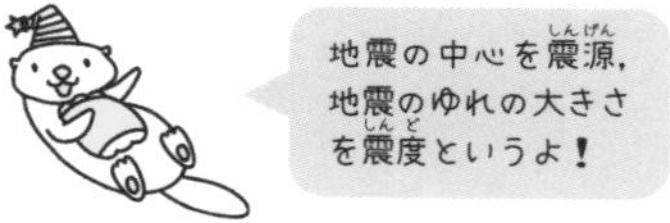
地震の中心を震源《しんげん》，
地震のゆれの大きさ
を震度《しんど》というよ！

火山のふん火によって，新しい山や湖，島などができることがあります。火山活動が続くと，土地のようすが変化します。

また，ふん火によってよう岩や火山灰《かざんばい》がふき出すと，さまざまなひ害が発生することがあります。

- よう岩のひ害…命を落としたり，住むところを失ったりする。
- 火山灰《かざんばい》のひ害…農地に積もり，作物が収《しゅう》かくできなくなる。

寝る前にもう一度

- 断層で，地震が起きるんだ（ん）そう。
- 火山のふん火で，土地のようすが変化する。

★今夜おぼえること

てこの3点は，支点《してん》・力点《りきてん》・作用点《さようてん》。

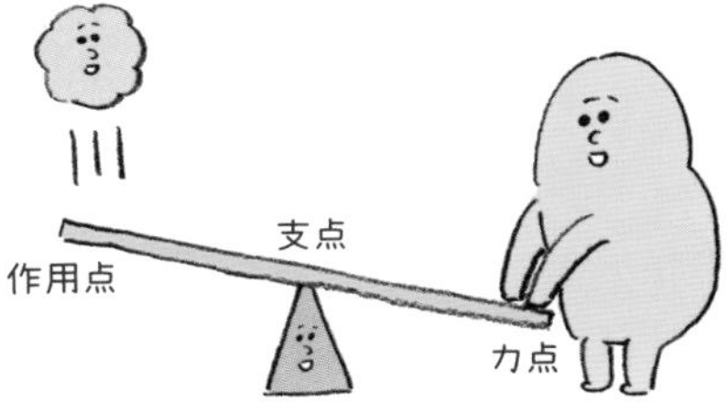

ゴロ合わせ 力士《りきし》が長いと，軽く動かせる。
(力点と支点の間のきょり)

支点と作用点の間のきょりが一定ならば，**力点と支点の間のきょりが長い**ほど，小さな力でものを動かすことができます。

★今夜のおさらい

★ある1点で支えた棒《ぼう》の一部に力を加え，ものを動かすしくみを，てこといいます。てこには，支《し》点《てん》・力《りき》点《てん》・作《さ》用《よう》点《てん》の3つの点があります。

- 支点…棒を支えるところ。
- 力点…棒に力を加えるところ。
- 作用点…ものに力がはたらくところ。

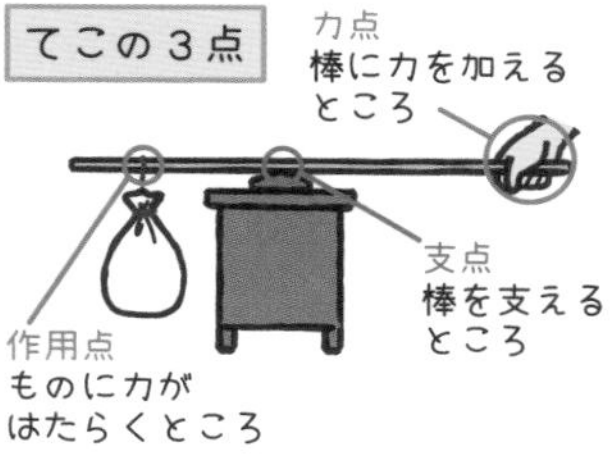

☽支点と，力点・作用点の間のきょりが変わると，ものを動かすために必要な力の大きさが変わります。

- 支点と力点の間のきょりが長いほど，小さな力でものを動かすことができます（支点と作用点の間のきょりが一定のとき）。
- 支点と作用点の間のきょりが短いほど，小さな力でものを動かすことができます（支点と力点の間のきょりが一定のとき）。

寝る前にもう一度

★てこの3点は，支点・力点・作用点。

☽力士《りきし》が長いと，軽く動かせる。

★今夜おぼえること

はさみ，くぎぬき，せんぬき，トング。ピンセット，カッター，空きかんつぶし。てこのはたらき，ありがとう。

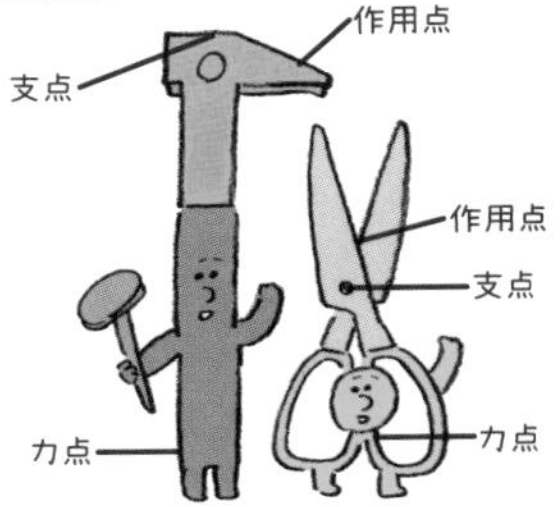

理科

道具によって，支点《してん》・力点《りきてん》・作用点《さようてん》の位置がちがう。

- 作用点－支点－力点のてこ
  …洋ばさみ，ペンチ，くぎぬきなど。
- 支点－作用点－力点のてこ
  …カッター，せんぬき，空きかんつぶし器など。
- 支点－力点－作用点のてこ
  …ピンセット，和ばさみ，パンばさみ（トング）など。

★今夜のおさらい

てこのしくみを使った道具は，昔から生活を便利にしてきました。

てこを利用した，いろいろな道具

●小さな力を大きな力にして作業ができる道具

作用点《さようてん》−支点《してん》−力点《りきてん》 のてこ

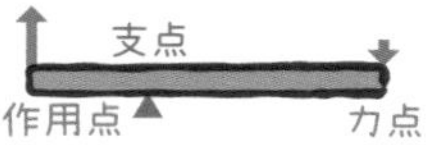
支点
作用点
力点

洋ばさみ

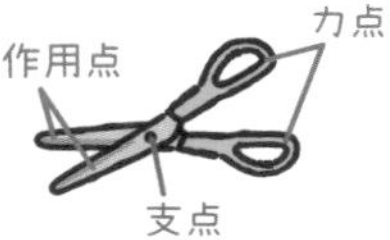
作用点
力点
支点

くぎぬき
（バール）

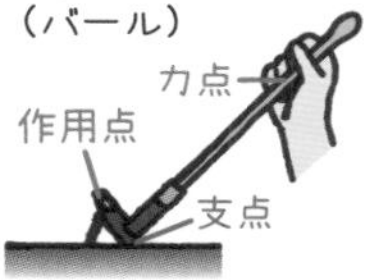
力点
作用点
支点

支点−作用点−力点 のてこ

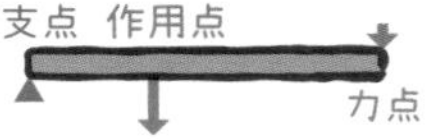
支点 作用点
力点

カッター

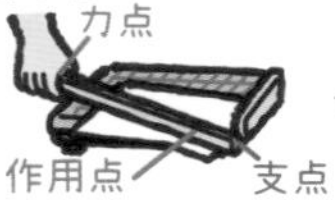
力点
作用点
支点

空きかんつぶし器

作用点
力点
支点

●大きな力を小さくして，やわらかいものをはさんだり，細かい作業をしたりするときに便利な道具

支点−力点−作用点 のてこ

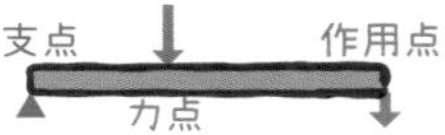
支点
作用点
力点

ピンセット

支点
作用点
力点

パンばさみ
（トング）

支点
力点
作用点

寝る前にもう一度

- はさみ，くぎぬき，せんぬき，トング。ピンセット，カッター，空きかんつぶし。てこのはたらき，ありがとう。
- 道具によって，支点《してん》・力点《りきてん》・作用点《さようてん》の位置がちがう。

14. てこのつり合いとうでのかたむき

□　月　日
□　月　日

★今夜おぼえること

力の大きさは，おもりの重さで表される。

てこに加える力の大きさは，てこに加えるおもりの重さで表すことができます。

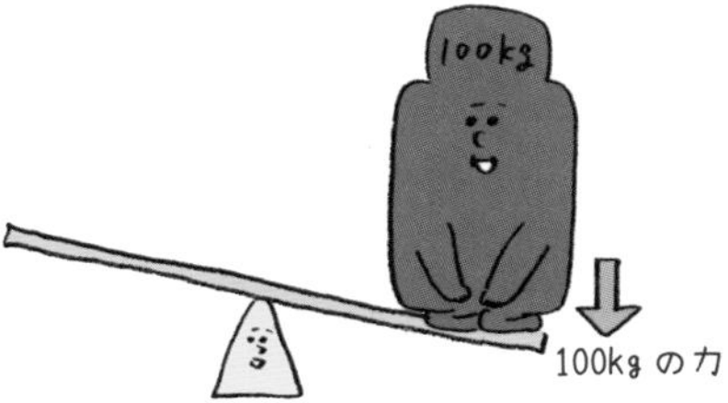

「力×きょり」が同じで，左右がつり合う。

支点《してん》の左右で，「力の大きさ」×「支点からのきょり」が等しいと，てこはつり合います。

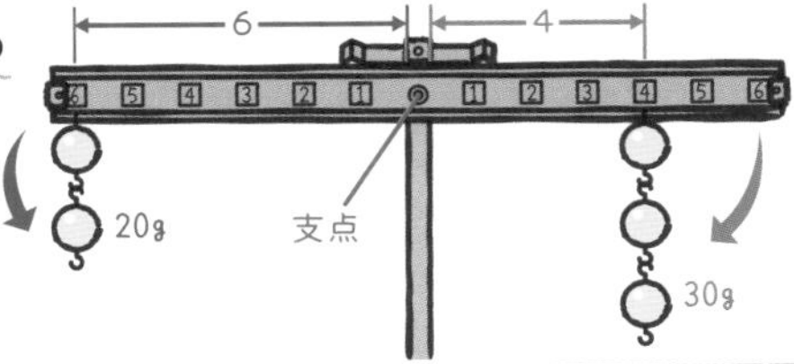

左のうでを下にかたむける（てこを左に回す）はたらきは，
20×6＝120

等しい

右のうでを下にかたむける（てこを右に回す）はたらきは，
30×4＝120

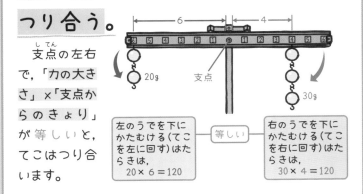

★今夜のおさらい

てこに加える力の大きさは，おもりの重さで表すことができます。

てこをかたむけるはたらきは，次のように表すことができます。

力の大きさ（おもりの重さ）× 支点《してん》からのきょり

右のてこをつり合わせます。

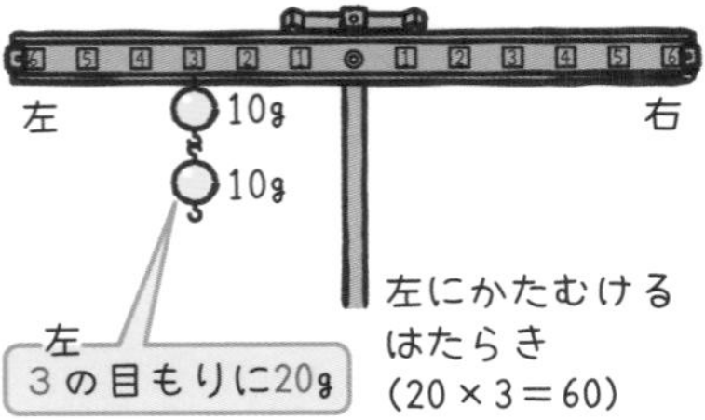

左
右
10g
10g
左
3の目もりに20g
左にかたむけるはたらき
(20×3＝60)

①右のうでの2の目もりに，何gのおもりをつるせばよいですか。

答え 30g

（□×2＝60　□＝30）

②右のうでに10gのおもりをつるすとき，どの目もりにつるせばよいですか。

答え 6の目もり

（10×□＝60　□＝6）

寝る前にもう一度

- 力の大きさは，おもりの重さで表される。
- 「力×きょり」が同じで，左右がつり合う。

★今夜おぼえること

水よう液，酸性・中性《ちゅうせい》・アルカリ性。

水よう液の性質は，リトマス紙を使って調べることができます。

リトマス紙，酸性では赤くなり，アルカリ性では青くなる。

酸性	中性	アルカリ性
青色リトマス紙⇒赤色	青色リトマス紙⇒変化なし	青色リトマス紙⇒変化なし
赤色リトマス紙⇒変化なし	赤色リトマス紙⇒変化なし	赤色リトマス紙⇒青色

★今夜のおさらい

酸性《さんせい》の水よう液…塩酸《えんさん》，す，ホウ酸水よう液，炭酸水《たんさんすい》など。

青色リトマス紙…（赤色になる）。
赤色リトマス紙…（変化しない）。

アルカリ性の水よう液…水酸化《すいさんか》ナトリウム水よう液，石灰水《せっかいすい》，アンモニア水など。

青色リトマス紙…（変化しない）。
赤色リトマス紙…（青色になる）。

中性の水よう液…食塩水，さとう水など。

青色リトマス紙…（変化しない）。
赤色リトマス紙…（変化しない）。

寝る前にもう一度

- 水よう液，酸性・中性・アルカリ性。
- リトマス紙，酸性では赤くなり，アルカリ性では青くなる。

16. 金属をとかす水よう液

□　月　日
□　月　日

★今夜おぼえること

塩酸《えんさん》は，アルミ（アルミニウム）も鉄も とかしちゃう。

水よう液には，金属をとかすものがあります。とけたあとの金属は，別のものに変わります。

水酸《すいさん》化《か》ナトリウム水よう液は，アルミはとかすが鉄はダメ！

水よう液によって，とかすことのできる金属はちがいます。

★今夜のおさらい

水よう液に金属を入れると，金属があわ（水素）を発生しながらとけることがあります。水よう液にとけた金属は，もとの金属とは別のものに変わっています。

水よう液に金属を入れたときのようすは，水よう液や金属の種類によってちがいます。

いろいろな水よう液に金属を入れたときのようす

	鉄	アルミニウム
塩酸	あわを出してとける。	あわを出してとける。
水酸化ナトリウム水よう液	とけない。	あわを出してとける。
食塩水	とけない。	とけない。

銅は塩酸にも水酸化ナトリウム水よう液にもとけないんだって。

寝る前にもう一度

塩酸は，アルミも鉄もとかしちゃう。

水酸化ナトリウム水よう液は，アルミはとかすが鉄はダメ！

17. 気体がとけた水よう液

□ 月 日
□ 月 日

★今夜おぼえること

炭酸水《たんさんすい》，シュワシュワ～の正体は二酸化炭素《にさんかたんそ》。

炭酸水は，二酸化炭素の水よう液です。

ゴロ合わせ 期待したジョー。何も
（気体がとけた水よう液）（蒸発）
残らず。

気体のとけた水よう液を蒸発《じょうはつ》させると，あとには何も残りません。

★今夜のおさらい

水よう液には，**気体がとけているもの**もあります。

気体がとけた水よう液

気体	水よう液
二酸化炭素《にさんかたんそ》	炭酸水
塩化水素《えんかすいそ》	塩酸
アンモニア	アンモニア水

気体がとけた水よう液を蒸発《じょうはつ》させると，あとには**何も残りません**。

蒸発皿
何も残らない。
ピペット
炭酸水
ガスコンロ

寝る前にもう一度

- 炭酸水，シュワシュワ～の正体は二酸化炭素。
- 期待したジョー。何も残らず。

18. 電気をつくる・光電《こうでん》池《ち》

□　月　日
□　月　日

★今夜おぼえること

発電は電気をつくること。

手回し発電機のハンドルを回して発電することができます。

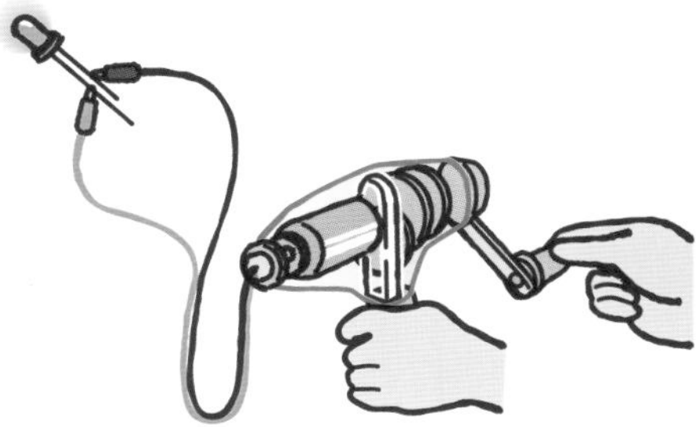
発光ダイオード

光が当たれば電流流れる。

光電池に光が当たると発電することができます。

てくてく
てくてく
光電池

★今夜のおさらい

電気をつくることを 発電 といいます。

手回し発電機による発電

- ハンドルを回す速さを変える…回路に流れる電流の 大きさ が変わる。
- ハンドルを回す向きを変える…回路に流れる電流の 向き が変わる。

光電池《こうでんち》に 日光 や電灯《でんとう》の光が当たると、回路に 電流 が流れます。
光電池に強い光が当たるほど、回路に流れる電流が 大きく なり、電気のはたらきが 大きく なります。

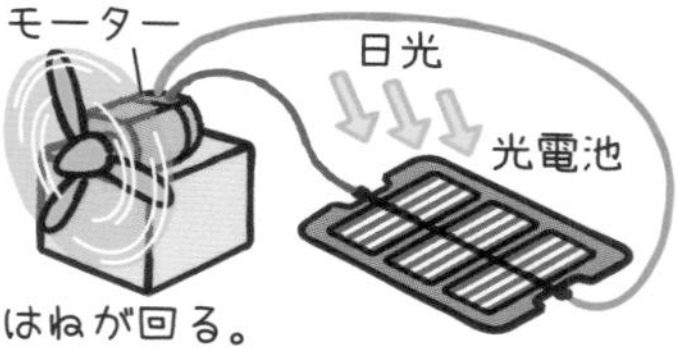
モーター
日光
光電池
はねが回る。

電流が流れる。
電流は流れない。
紙で光電池に当たる日光をさえぎる。

寝る前にもう一度

- 発電は電気をつくること。
- 光が当たれば電流流れる。

19. 電気をたくわえる・電気の利用

□ 月 日
□ 月 日

★今夜おぼえること

コンデンサーに，ためてんさー。

（電気をたくわえる）

電気は，コンデンサーにたくわえることができます。

コンデンサー

電気製品，電気をいろいろ変えている。

身の回りの電気製品は，電気を光，音，熱，運動などに変えて利用している。

★今夜のおさらい

コンデンサーに電気を たくわえる ことができます。これを ちく電《でん》 といいます。コンデンサーにたくわえた電気で，発光ダイオードを光らせたり，電子オルゴールを鳴らせたりすることができます。

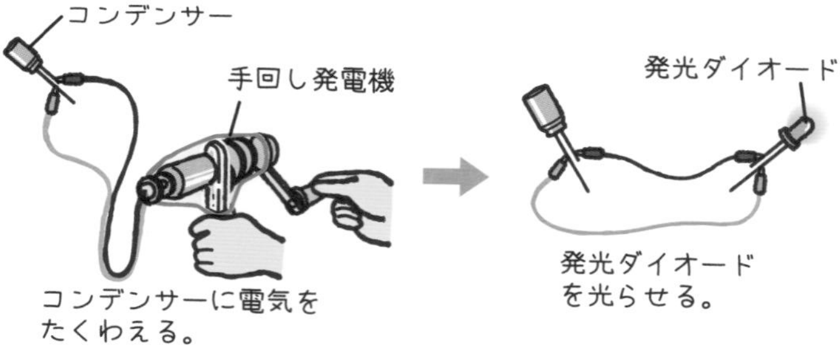
コンデンサー
手回し発電機
コンデンサーに電気をたくわえる。
発光ダイオード
発光ダイオードを光らせる。

電気製品は電気を，光（電球），音（スピーカー），熱（電気ストーブ），運動（モーター）などに変えて利用しています。

電球を発光ダイオードに変えることで，電気を効率よく利用することができます。

寝る前にもう一度

- コンデンサーに，ためてんさー。
- 電気製品，電気をいろいろ変えている。

20. 人の生活と地球の環境《かんきょう》

□　月　日
□　月　日

★今夜おぼえること

水や空気は，じゅんかんしながら生命を支えている。

水のじゅんかん

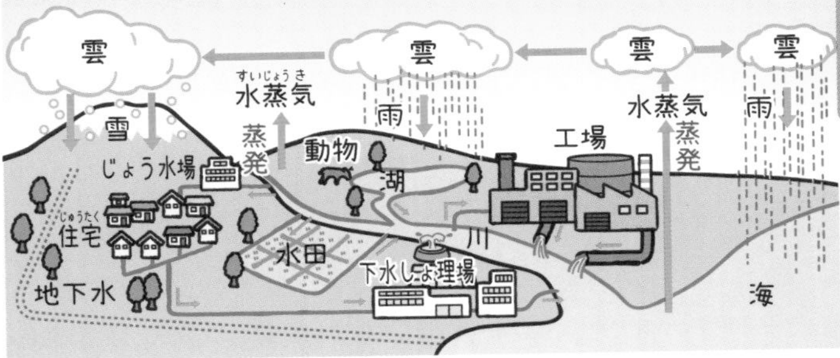

生物は水や空気でつながっています。水や空気をよごすと，生物全体にえいきょうします。

環境にやさしい生活を考える。

環境を守るために，水や空気をよごさないしくみや，くふうを考えます。

理科

★今夜のおさらい

🌟 生物は，水や空気がないと生きていくことができません。

🌙 中学入試 さまざまな環境問題《かんきょうもんだい》があります。世界の国々が協力して解決しなければなりません。

石油や石炭を燃焼させるといおう酸化物《さんかぶつ》やちっ素酸化物が発生し，酸性雨《さんせいう》や光化学スモッグの原因になります。

おもな環境問題

- オゾン層《そう》の破かい…フロンなどの気体が大気上空のオゾン層《そう》を破かいし，地表に届《とど》く有害な紫外線《しがいせん》が増える。
- 酸性雨…強い酸性の雨で森林の木がかれたり，湖に魚がすめなくなったりする。
- 地球温暖化《おんだんか》…空気中の二酸化炭素《にさんかたんそ》が増え，地球の平均気温が上がってしまう。

寝る前にもう一度

🌟 水や空気は，じゅんかんしながら生命を支えている。

🌙 環境にやさしい生活を考える。

★今夜おぼえること

国民が主人公国民主権《こくみんしゅけん》，人間らしく基本的人権《きほんてきじんけん》の尊重《そんちょう》，戦争しない平和主義。

国民主権，
基本的人権の尊重，
平和主義は
日本国憲法《にほんこくけんぽう》の
三つの原則だよ。

ゴロ合わせ 国民の義務は，金曜日には，農協へ。

(勤労《きんろう》)

(納税《のうぜい》)(教育)

日本国憲法には，国民が守らなければならない義務も定められているよ。

★今夜のおさらい

憲法《けんぽう》は国の政治の基本的なあり方を定めています。日本国憲法には，国民主権《こくみんしゅけん》，基本的人権《きほんてきじんけん》の尊重《そんちょう》，平和主義の3つの原則があります。

日本国憲法で定める国民の義務は，次の3つです。

子どもに普通《ふつう》教育を受けさせる義務

勤労《きんろう》の義務
(能力に応じて働く義務)

納税《のうぜい》の義務
(税金を納《おさ》める義務)

寝る前にもう一度

国民が主人公国民主権，人間らしく基本的人権の尊重，戦争しない平和主義。

国民の義務は，金(勤労)曜日には，農(納税) 協(教育)へ。

★今夜おぼえること

法律《ほうりつ》つくる国会，政治を行う内閣《ないかく》，裁判所《さいばんしょ》では争い解決。

国会
国の政治は，国会を中心に内閣と裁判所が仕事を分担《ぶんたん》しているよ。
内閣
裁判所

国会は立法権《けん》，内閣は行政権，裁判所は司法権。権力《けんりょく》分けて三権《さんけん》分立。

国民は選挙で国会議員を選ぶことなどで，国の政治に参加しているよ。
投票
投票

★今夜のおさらい

国会が法律《ほうりつ》や予算を決め，内閣《ないかく》は法律や予算にもとづいて実際の政治を行います。裁判所《さいばんしょ》は争いごとの解決や，法律や政治が憲法《けんぽう》に違反《いはん》していないかを判断します。

国会には衆議院《しゅうぎいん》と参議院《さんぎいん》があるよ。

国の権力《けんりょく》を立法権，行政権，司法権の3つに分け，分担《ぶんたん》する三権《さんけん》分立のしくみがとられています。

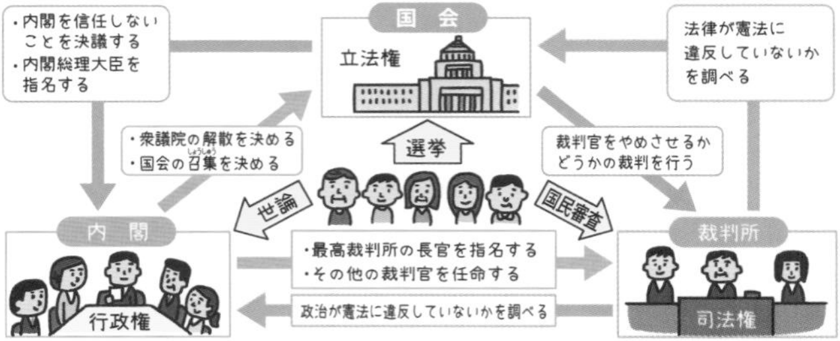
国会
立法権
内閣
行政権
裁判所
司法権
・内閣を信任しないことを決議する
・内閣総理大臣を指名する
・衆議院の解散を決める
・国会の召集《しょうしゅう》を決める
法律が憲法に違反していないかを調べる
裁判官をやめさせるかどうかの裁判を行う
選挙
世論
国民審査
・最高裁判所の長官を指名する
・その他の裁判官を任命する
政治が憲法に違反していないかを調べる

寝る前にもう一度

- 法律つくる国会，政治を行う内閣，裁判所では争い解決。
- 国会は立法権，内閣は行政権，裁判所は司法権。権力分けて三権分立。

★今夜おぼえること

☆住民の願いの実現を目指す地《ち》方《ほう》自《じ》治《ち》。市(区)町村議会で条例制定。

市長席
議長席
議員席

ある市の議会の様子だよ。何を話し合っているのかな？

☽ゴロ合わせ 被《ひ》選《せん》挙《きょ》権《けん》，知事さん(都道府県知事)(参議院議員) 30(30才)，ほか，25(25才)。

被選挙権は，都道府県知事と参議院議員が満30才以上，そのほかは満25才以上のすべての国民に認《みと》められているよ。

被選挙権とは選挙に立候《りっこう》補《ほ》する権利です！
必勝
○○党

★今夜のおさらい

⭐都道府県や市（区）町村を**地方公共団体《ちほうこうきょうだんたい》（地《ち》方自治体《ほうじちたい》）**といいます。地方公共団体の住民が，自分たちの暮《く》らす地域《ちいき》の政治を行うことを**地方自治**といいます。

条例《じょうれい》は地方公共団体が定める決まりだよ。

🌙都道府県知事や市（区）町村長，都道府県や市（区）町村の議会の議員，国会議員は**選挙**によって選ばれます。**選挙で投票する権利《けんり》**を**選挙権**，**選挙に立候補《りっこうほ》する権利**を**被《ひ》選挙権**といいます。

18才以上
投票箱
投票箱
選挙権
25才以上
●衆《しゅう》議院議員　●市（区）町村長
●都道府県・市（区）町村議会議員
30才以上
●参議院議員
●都道府県知事
被選挙権

▲選挙権と被選挙権の年齢《ねんれい》

寝る前にもう一度

⭐住民の願いの実現を目指す地方自治。市（区）町村議会で条例制定。

🌙被選挙権，知事（都道府県知事） さん（参議院議員） 30（30才），ほか，25（25才）。

★今夜おぼえること

大災害！ 発生直後から国や都道府県，市町村が緊急《きんきゅう》対応。

復旧目指して法律《ほうりつ》制定，復興進め，命を守るまちづくり。

復旧は，
水道や電気などのライフラインなど
をもとにもどすこと。
復興は，
復旧に加え，人々の安心や活気などを
取りもどすことだよ。

★今夜のおさらい

国や都道府県，市(区)町村は災害の発生直後から被災者《ひさいしゃ》を助けるために動きます。災害対策《たいさく》本部を設け，協力して対応にあたります。

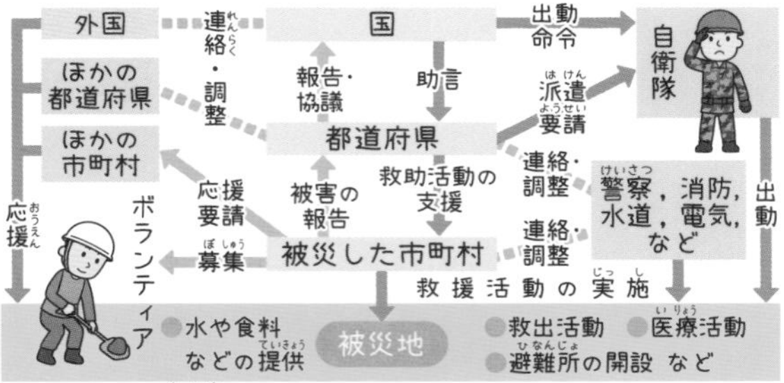

外国
連絡《れんらく》・調整
国
出動命令
自衛隊
ほかの都道府県
報告・協議
助言
派遣《はけん》要請《ようせい》
ほかの市町村
都道府県
連絡・調整
応援《おうえん》
ボランティア
応援要請
被害の報告
救助活動の支援
警察《けいさつ》，消防，水道，電気，など
出動
募集《ぼしゅう》
被災した市町村
連絡・調整
救援活動の実施《じっし》
水や食料などの提供《ていきょう》
被災地
救出活動
医療《いりょう》活動
避難所《ひなんじょ》の開設 など

▲被災した地域《ちいき》を助ける政治の働き

国は被災地の復旧のために，必要な法律《ほうりつ》を制定し，特別な予算を立てます。これを受け，県や市は具体的な取り組みを行います。

災害に強いまちに！
避難路《ひなんろ》の整備を！
被災する前の生活を取りもどしたい！
災害に備える意識を育てよう！
市民の願い

寝る前にもう一度

大災害！　発生直後から国や都道府県，市町村が緊急《きんきゅう》対応。

復旧目指して法律制定，復興進め，命を守るまちづくり。

5. 縄文時代と弥生時代

□ 月 日
□ 月 日

★今夜おぼえること

縄文時代《じょうもん》，遺跡《いせき》は青森《あおもり》県の三内丸山《さんないまるやま》。豊かな恵《めぐ》みを願う土偶《どぐう》。

漁
土偶
たて穴《あな》住居
狩《か》り
縄文土器

米づくり広まる**弥生《やよい》時代**，収《しゅう》かく物は高床《たかゆか》(の)倉庫へ。

米づくり
高床(の)倉庫
たて穴住居

★今夜のおさらい

縄文《じょうもん》時代の人々《ひとびと》は，たて穴《あな》住居に住み，主に狩《か》りや漁・採集で生活していました。豊かな恵《めぐ》みを願って，土偶《どぐう》という人形がつくられました。青森《あおもり》県の三内丸山《さんないまるやま》遺跡《いせき》がよく知られています。

打製《だせい》石器や磨製《ませい》石器，
縄文土器を使っていたよ。

弥生《やよい》時代には米づくりが広まり，人々の生活が大きく変化しました。弥生土器のほか，青銅器や鉄器などの金属器も使われました。

弥生土器

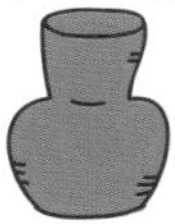

銅鐸《どうたく》

銅剣《どうけん》

寝る前にもう一度

- 縄文時代，遺跡は青森県の三内丸山。豊かな恵みを願う土偶。
- 米づくり広まる弥生時代，収《しゅう》かく物は高床《たかゆか》（の）倉庫へ。

★今夜おぼえること

大仙《だいせん》古墳《こふん》は巨大《きょだい》な前方後円《ぜんぽうこうえん》墳《ふん》，古墳の周りにははにわ。

古墳は，その土地を
支配していた王や
豪族《ごうぞく》の墓だよ。

大王《おおきみ(だいおう)》を中心とする大和朝廷《やまとちょうてい》。
（政権《せいけん》）

大陸文化を伝えた渡来人《とらいじん》。

中国《ちゅうごく》や朝鮮《ちょうせん》半島から日本
に移り住んだ人々を
渡来人というよ。
仏教
漢字
須恵器《すえき》
ようこそ！
朝鮮半島
漢字
日本

社会

★今夜のおさらい

古墳《こふん》は王や豪族《ごうぞく》の墓で、3世紀後半から6世紀末ごろにかけてつくられました。大阪府の大《だい》仙《せん》(仁徳陵《にんとくりょう》、仁徳天皇《てんのう》陵)古墳は日本最大の前方後円墳《ぜんぽうこうえんふん》です。古墳の周りには、はにわが置かれました。

後ろが円形
前が方形
(四角)
▲大仙古墳の図

古墳がつくられていたころ、大和《やまと》(奈良《なら》県)や河内《かわち》(大阪府)に現れた、大王《おおきみ》《だいおう》(後の天皇)を中心とする国の政府を大和朝廷《ちょうてい》(大和政権《せいけん》)といいます。大和朝廷は、仏教、漢字、須恵器《すえき》など、渡来人《とらいじん》が伝えた大陸の文化を積極的に取り入れました。

5～6世紀には九州から東北地方南部までを従えたんだ!
大王

寝る前にもう一度

- 大仙古墳は巨大《きょだい》な前方後円墳、古墳の周りにはにわ。
- 大王を中心とする大和朝廷(政権)。大陸文化を伝えた渡来人。

7. 聖徳太子の政治と大化の改新

□　月　日
□　月　日

★今夜おぼえること

聖徳太子《しょうとくたいし》の政治，役人の位は十二階，心構えは十七条。

（冠位十二階《かんいじゅうにかい》）　（十七条《じゅうしちじょう》の憲法《けんぽう》）

能力のある者を役職につかせよう。
やったー！
これをしっかり守れ。

中大兄皇子《なかのおおえのおうじ》と中臣鎌足《なかとみのかまたり》，蘇我《そが》氏をたおして大化《たいか》の改新《かいしん》。

蘇我氏をたおしたぞ！
新しい国をつくるんだ。
蘇我氏
中大兄皇子
中臣鎌足

★今夜のおさらい

聖徳太子《しょうとくたいし》（厩戸王《うまやどのおう》）は，能力のある者を役人に取り立てるために冠位十二階《かんいじゅうにかい》を定め，役人の心構えを示すために十七条《じゅうしちじょう》の憲法《けんぽう》を定めました。

> 十七条の憲法(一部)
>
> 一、人の和を大切に。
>
> 二、仏教を信仰《しんこう》せよ。
>
> 三、天皇《てんのう》の命令には必ず従《したが》え。

645年，中大兄皇子《なかのおおえのおうじ》（のちの天智天皇《てんじてんのう》）と中臣鎌足《なかとみのかまたり》（のちの藤原鎌足《ふじわらのかまたり》）らは，蘇我《そが》氏をたおし，天皇を中心とする国づくりを目指して，大化《たいか》の改新《かいしん》と呼《よ》ばれる政治改革《かいかく》を進めました。

大化の改新には，中国《ちゅうごく》から帰国した留学生や留学僧《そう》が協力したんだ。

寝る前にもう一度

- 聖徳太子の政治，役人の位は十二階(冠位十二階)，心構えは十七条(十七条の憲法)。
- 中大兄皇子と中臣鎌足，蘇我氏をたおして大化の改新。

★今夜おぼえること

奈良《なら》時代，大仏つくった聖武天皇《しょうむてんのう》。仏教の力で国守る。

大仏づくりには僧《そう》の行基《ぎょうき》が協力したよ。

国が平和でありますように。

ペルシャやインドからやってきた正倉院宝物《しょうそういんほうもつ》。聖武天皇のたからもの。

東大寺《とうだいじ》の正倉院

正倉院には，私《わたし》の持ち物や大仏開眼《かいげん》に使われた道具などの宝物が納《おさ》められていたのじゃ。

★今夜のおさらい

聖武天皇《しょうむてんのう》は，国ごとに国分寺《こくぶんじ》を建てさせました。奈良《なら》の都の平城京《へいじょうきょう》には東大寺《とうだいじ》を建て，大仏をつくる命令を出しました。

私《わたし》は聖武天皇の招きで唐《とう》からやって来た僧《そう》です。鑑真《がんじん》と申します。
日本に正式な仏教を広めるために来日しました。

東大寺の正倉院《しょうそういん》の宝物《ほうもつ》には，遣唐使《けんとうし》が持ち帰ったと考えられるインドやペルシャでつくられた食器や楽器などがあります。奈良時代には，唐(中国）の影響《えいきょう》を受けた文化がさかんになりました。

インドでつくられたと伝わる琵琶《びわ》
ペルシャのものと伝わるガラスのコップ

寝る前にもう一度

- 奈良時代，大仏つくった聖武天皇。仏教の力で国守る。
- ペルシャやインドからやってきた正倉院宝物。聖武天皇のたからもの。

★今夜おぼえること

☆☆☆「この世をばわが世…」とうたう藤原道長《ふじわらのみちなが》，藤原氏の全盛《ぜんせい》築く。

平安《へいあん》時代の中ごろ，藤原氏が政治を行ったよ。

この世をば
わが世とぞ思う
もち月の
かけたることも
なしと思えば

☾平安時代，文化は中国《ちゅうごく》風から日本風へ。国風文化《こくふうぶんか》生まれる。

奈良《なら》時代の貴族《きぞく》

平安時代の貴族

★今夜のおさらい

都が京都《きょうと》の 平安京《へいあんきょう》 に移された平安時代になると，貴族《きぞく》の藤原《ふじわら》氏が天皇《てんのう》とのつながりを強めて力をのばしました。中でも 藤原道長《ふじわらのみちなが》 は，天皇に代わって政治を動かすほどの権力《けんりょく》をもちました。

貴族は，寝殿造《しんでんづくり》の大きなやしきで暮《く》らしていたよ。

貴族の生活の中から日本風の文化が生まれました。漢字からできた かな文字 を使い，紫《むらさき》式部《しきぶ》は 『源氏物語《げんじものがたり》』，清少納言《せいしょうなごん》は 『枕草子《まくらのそうし》』 を書きました。

すてきな物語を書きたいわ。
私《わたし》は随筆《ずいひつ》を書くわ。
紫式部
清少納言

寝る前にもう一度

「この世をばわが世…」とうたう藤原道長，藤原氏の全盛《ぜんせい》築く。

平安時代，文化は中国《ちゅうごく》風から日本風へ。国風文化《こくふうぶんか》生まれる。

★今夜おぼえること

源頼朝《みなもとのよりとも》が開いた鎌倉幕府《かまくらばくふ》，将軍《しょうぐん》と御家人《ごけにん》はご恩《おん》と奉公《ほうこう》。

源頼朝と家来の御家人は，ご恩と奉公の主従《しゅじゅう》関係を結んだよ。

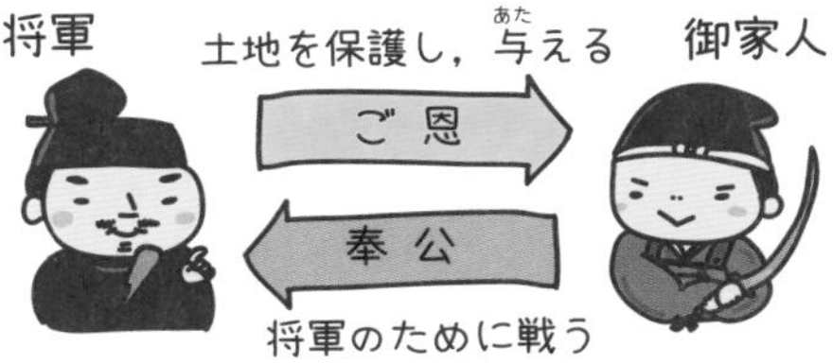
将軍
土地を保護し，与《あた》える
御家人
ご恩
奉公
将軍のために戦う

執権《しっけん》北条時宗《ほうじょうときむね》，御家人指《し》揮《き》して元《げん》と戦う。

元が2度も攻《せ》めて来たけど，御家人たちの抵抗《ていこう》や暴風雨などにあって退《しりぞ》いたよ。

わあ！
暴風雨だ！
元軍が
にげていくぞ！
引き上げろ！

★今夜のおさらい

🌟源頼朝《みなもとのよりとも》が鎌倉《かまくら》（神奈川《かながわ》県）に開いた政府を鎌倉幕府《かまくらばくふ》といいます。鎌倉時代，幕府（将《しょう》軍《ぐん》）は家来となった武士（御家人《ごけにん》）の領地を守り（ご恩《おん》），武士たちは幕府のために戦いました（奉公《ほうこう》）。

よく働いた者には
新しい土地を
やるぞ！
将軍
御家人

🌙鎌倉時代の中ごろ，元《げん》が日本を従《したが》えようと攻《せ》めてきました（元寇《げんこう》）。執権《しっけん》の北条時宗《ほうじょうときむね》の指《し》揮《き》で御家人たちは命がけで戦い元軍を退《しりぞ》けましたが，ほうびの土地をもらえず，幕府に不満をもつようになりました。

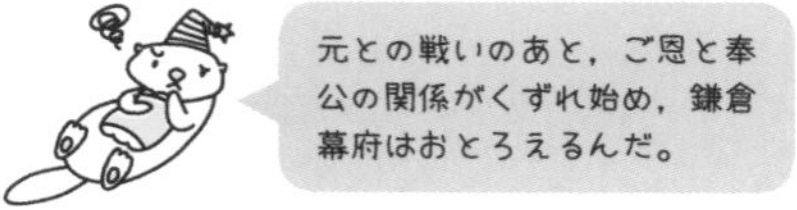
元との戦いのあと，ご恩と奉
公の関係がくずれ始め，鎌倉
幕府はおとろえるんだ。

寝る前にもう一度

🌟源頼朝が開いた鎌倉幕府，将軍と御家人はご恩と奉公。

🌙執権北条時宗，御家人指揮して元と戦う。

★今夜おぼえること

3代将軍《しょうぐん》足利義満《あしかがよしみつ》，明《みん》と貿易。金閣《きんかく》を建てる。

金箔《きんぱく》をはった
ピッカピカの私《わたし》の金閣！
明との貿易で
もうけるぞ！
明へ
足利義満

足利義政《よしまさ》は銀閣《ぎんかく》を建てる。
書院造《しょいんづくり》の部屋は床《とこ》の間《ま》に生け花。

現代の和室は書院造の部屋がもとになっているよ。

心静かに花を
いけるのじゃ。

★今夜のおさらい

室町幕府《むろまちばくふ》の3代将軍《しょうぐん》足利義満《あしかがよしみつ》は中国《ちゅうごく》（明《みん》）と貿易を行い，大きな利益を得ました。また，京都《きょうと》の北山《きたやま》に金閣《きんかく》を建てました。

私《わたし》が保護した能《のう》は，現代まで受けつがれているぞ。

8代将軍の足利義政《よしまさ》は銀閣《ぎんかく》を建てました。このころ広まった書院造《しょいんづくり》の部屋の床《とこ》の間《ま》には生け花がかざられました。

私 雪舟《せっしゅう》は，
中国で修行《しゅぎょう》して，
すみ絵（水墨画《すいぼくが》）
をえがきました。

寝る前にもう一度

- 3代将軍足利義満，明と貿易。金閣を建てる。
- 足利義政は銀閣を建てる。書院造の部屋は床の間に生け花。

12. 全国統一

□ 月 日
□ 月 日

★今夜おぼえること

織田信長《おだのぶなが》は、安土《あづち》城下で楽市《らくいち》・楽座《らくざ》。商工業を盛《も》り上げる。

安土城
これで自由に商売できるね！
織田信長

ゴロ合わせ 秀吉の政策《せいさく》

(検地《けんち》)(刀狩《かたながり》)

ケン カ の好きな豊臣《とよとみ》秀吉《ひでよし》。全国統一成しとげる。

大阪城《おおさかじょう》
検地と刀狩で、百姓《ひゃくしょう》を支配したのじゃ！
豊臣秀吉

社会

★今夜のおさらい

🌟天下統一を目指した織田信長《おだのぶなが》は，安土城《あづちじょう》（滋賀県）を築き，その城下町《じょうかまち》で楽市《らくいち》・楽座《らくざ》を行い，商工業をさかんにしようとしました。

1582年，家臣《かしん》にそむかれ，本能寺《ほんのうじ》で自害したんだ。

🌙織田信長の後継者《こうけいしゃ》となった豊臣秀吉《とよとみひでよし》は，検地《けんち》と刀狩《かたながり》を行い，武士が支配する社会のしくみを整え，1590年には全国統一を達成しました。

検地（太閤《たいこう》検地）
これで年貢《ねんぐ》はばっちりじゃ。
刀狩
もう一揆《いっき》はおこせないね。

寝る前にもう一度

🌟織田信長は，安土城下で楽市・楽座。商工業を盛《も》り上げる。

🌙ケン（検地）カ（刀狩）の好きな豊臣秀吉。全国統一成しとげる。

13. 江戸幕府の成立

□ 月 日
□ 月 日

★今夜おぼえること

徳川家康《とくがわいえやす》が開いた江戸幕府《えどばくふ》,

武家諸法度《ぶけしょはっと》で大名《だいみょう》支配。

これからは日本の中心は江戸じゃ！
徳川家康

家来を引き連れ参勤交代《さんきんこうたい》,

江戸と領地を行ったり来たり。

江戸はまだぁ～？

社会

★今夜のおさらい

✪関ヶ原《せきがはら》の戦いに勝利した徳川家康《とくがわいえやす》は，征夷《せいい》大将軍《たいしょうぐん》に任じられ江戸《えど》（東京都）に江戸幕府《ばくふ》を開きました。江戸幕府は武家諸法度《ぶけしょはっと》を定め，大名《だいみょう》を取りしまりました。

江戸幕府が
開かれたのは，
1603年だよ。

武家諸法度（部分要約）

一、城を修理する場合は，幕府に届《とど》け出ること。
一、幕府の許可なしに，大名の家どうしで結婚《けっこん》してはならない。

◐３代将軍の徳川家光《いえみつ》は武家諸法度を改め，参勤交代《さんきんこうたい》の制度を整えました。大名は１年おきに江戸に住み，将軍に服従《ふくじゅう》の態度を示しました。

江戸
妻子《さいし》は人質《ひとじち》として
江戸に住む
大名は１年おきに往復
出費がかさんで
たいへんだ。
領地
大名

▲参勤交代のしくみ

寝る前にもう一度

✪徳川家康が開いた江戸幕府，武家諸法度で大名支配。
◐家来を引き連れ参勤交代，江戸と領地を行ったり来たり。

14. 鎖国と４つの窓口

□　　月　　日
□　　月　　日

★今夜おぼえること

貿易はオランダ・中国《ちゅうごく》とだけ，鎖国《さこく》と呼《よ》ばれる幕府《ばくふ》の政策《せいさく》。

オランダには長崎《ながさき》の出島《でじま》で貿易をゆるす！
出島
わーい

長崎《ながさき》と対馬《つしま》・薩摩《さつま》・松前《まつまえ》，鎖国のもとでの４つの窓口《まどぐち》。

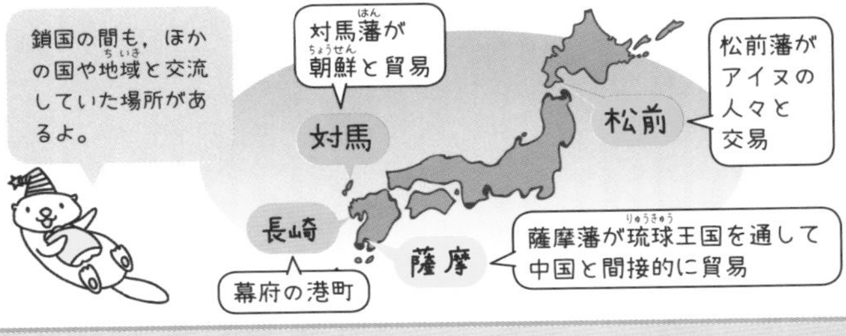

鎖国の間も，ほかの国や地域《ちいき》と交流していた場所があるよ。
対馬藩《はん》が朝鮮《ちょうせん》と貿易
対馬
松前
松前藩がアイヌの人々と交易
長崎
幕府の港町
薩摩
薩摩藩が琉球《りゅうきゅう》王国を通して中国と間接的に貿易

社会

★今夜のおさらい

江戸《えど》幕府《ばくふ》はキリスト教を広めるおそれのないオランダと中国《ちゅうごく》だけに貿易を認《みと》めました。

キリスト教は幕府の支配の妨《さまた》げになるから禁止！
キリスト教の信者を見つけるために，絵踏《えふ》みが行われたよ。
踏《ふ》み絵《え》

朝鮮《ちょうせん》からは，将軍《しょうぐん》が代わるごとに朝鮮通信《つうしん》使《し》が来日しました。琉球《りゅうきゅう》王国は，将軍や国王が代わるごとに江戸に使節を送りました。

朝鮮通信使は，約200年の間に12回，日本をおとずれました。

寝る前にもう一度

貿易はオランダ・中国とだけ，鎖国《さこく》と呼《よ》ばれる幕府の政策《せいさく》。
長崎《ながさき》と対馬《つしま》・薩摩《さつま》・松前《まつまえ》，鎖国のもとでの４つの窓口《まどぐち》。

15. 江戸時代の文化と学問

□ 月 日
□ 月 日

★今夜おぼえること

歌舞伎《かぶき》の脚本《きゃくほん》近松門左衛門《ちかまつもんざえもん》，富士山《ふじさん》えがいた葛飾北斎《かつしかほくさい》，東《とう》海道《かいどう》五十三次《つぎ》は歌川広重《うたがわひろしげ》。

近松門左衛門　葛飾北斎　歌川広重

医学書ほん訳《やく》，杉田玄白《すぎたげんぱく》。伊能忠敬《いのうただたか》は全国歩いて日本地図。

杉田玄白らはオランダ語の医学書をほん訳して出版したよ。

ヨーロッパの医学書はすばらしい！
さあ，この本をほん訳しよう！
杉田玄白

社会

★今夜のおさらい

✪江戸《えど》時代，大阪《おおさか》や江戸などの大都市で町人たちを中心とする文化が栄えました。

歌舞伎《かぶき》や人形浄瑠璃《じょうるり》の脚本《きゃくほん》		近松門左衛門《ちかまつもんざえもん》
浮世絵《うきよえ》	「富嶽三十六景《ふがくさんじゅうろっけい》」	葛飾北斎《かつしかほくさい》
	「東海道五十三次《とうかいどうごじゅうさんつぎ》」	歌川広重《うたがわひろしげ》

▲江戸時代の主な文化

☾杉田玄白《すぎたげんぱく》らは，オランダ語の医学書を日本語にほん訳《やく》し『解体新書《かいたいしんしょ》』として出版しました。伊能忠敬《いのうただたか》は，日本中を歩いて測量し，正確な日本地図をつくりました。

伊能忠敬
日本の地図をつくるのが私《わたし》の仕事！

寝る前にもう一度

- ✪歌舞伎の脚本近松門左衛門，富士山《ふじさん》えがいた葛飾北斎，東海道五十三次は歌川広重。
- ☾医学書ほん訳，杉田玄白。伊能忠敬は全国歩いて日本地図。

16. 江戸幕府の滅亡と明治維新

□　月　日
□　月　日

★今夜おぼえること

ペリーが来航し，開国せまる。

日米和親条約《にちべいわしんじょうやく》で鎖国《さこく》が終わる。

開国してください！
しかたがない…
ペリー

(大久保利通《おおくぼとしみち》)　(西郷隆盛《さいごうたかもり》)

大久保，西郷，木戸孝允《きどたかよし》，

幕府《ばくふ》をたおして明治維新《めいじいしん》。

明治維新を
進めたのは私《わたし》たちです！
大久保利通
西郷隆盛
木戸孝允

社会

★今夜のおさらい

1853年にアメリカ合衆国《がっしゅうこく》の（ペリー）が来航して開国を求め，翌年《よくねん》，江戸幕府《えどばくふ》は（日米和親《にちべいわしん》）条約《じょうやく》を結び，鎖国《さこく》の状態が終わりました。

1858年には，日米修好《しゅうこう》通商《つうしょう》条約が結ばれて貿易が始まったんだ。

薩摩藩《さつまはん》（鹿児島《かごしま》県）の大久保利通《おおくぼとしみち》，西郷《さいごう》隆盛《たかもり》，長州藩《ちょうしゅうはん》（山口《やまぐち》県）の木戸孝允《きどたかよし》らが中心となって（江戸幕府《えどばくふ》）をたおし，（明治維新《めいじいしん》）を進めました。

1853年	ペリーが来航し，翌年日米和親条約を結ぶ。
1858年	日米修好通商条約を結ぶ。
1867年	江戸幕府がほろびる。
1868年	明治政府による政治が始まる。

▲このころのできごと

寝る前にもう一度

- ペリーが来航し，開国せまる。日米和親条約で鎖国が終わる。
- 大久保，西郷，木戸孝允，幕府をたおして明治維新。
  （大久保利通）（西郷隆盛）

17. 自由民権運動と大日本帝国憲法

□　　月　　日
□　　月　　日

★今夜おぼえること

板垣退助《いたがきたいすけ》が国会開設を政府に要求，自由民権運動《じゆうみんけんうんどう》広まる。

国会開設！
そうだそうだ！
板垣退助

伊藤博文《いとうひろぶみ》が，ドイツを手本に草案つくった大日本帝国憲法《ていこくけんぽう》。

伊藤博文は初代の内閣《ないかく》総理大臣だよ。

ドイツの憲法をお手本にしよう。
かきかき
憲法草案
伊藤博文

★今夜のおさらい

🌟板垣退助《いたがきたいすけ》は政府に国会開設などを要求する意見書を提出しました。やがて自由民権運動《じゆうみんけんうんどう》は全国に広まり，1881年，政府は10年後の国会の開設を約束しました。

自由民権運動とは，明治《めいじ》時代におこった，国会開設などを求める運動だよ。

🌙伊藤博文《いとうひろぶみ》は，皇帝《こうてい》の権力《けんりょく》の強いドイツの憲《けん》法《ぽう》を学び，憲法づくりを進めました。1889年，天《てん》皇《のう》が国民に与《あた》えるという形で，大日本帝国憲法《ていこくけんぽう》が発布されました。

憲法を与えます。
明治天皇

寝る前にもう一度

- 🌟板垣退助が国会開設を政府に要求，自由民権運動広まる。
- 🌙伊藤博文が，ドイツを手本に草案つくった大日本帝国憲法。

18. 条約改正と日清・日露戦争

□　月　日
□　月　日

★今夜おぼえること

陸奥が撤廃《てっぱい》，領事裁判権《りょうじさいばんけん》。

（陸奥宗光《むつむねみつ》）　（治外法権《ちがいほうけん》）

小村が回復，関税自主権《かんぜいじしゅけん》。

（小村寿太郎《こむらじゅたろう》）

不平等条約の改正は・・・

領事裁判権
の撤廃
関税自主権
の回復
まず私《わたし》
陸奥宗光！
次は私
小村寿太郎！
1894年
1911年

朝鮮《ちょうせん》めぐり，中国《ちゅうごく》と日清《にっしん》戦争。

10年後，ロシアと日露《にちろ》戦争。

1894年　日清戦争
清
ロシア
1904年　日露戦争

★今夜のおさらい

明治《めいじ》政府は，江戸幕府《えどばくふ》が欧米諸国《おうべいしょこく》と結んだ日本にとって不平等な条約の改正を目指していました。1894年，陸奥宗光《むつむねみつ》が領事裁判権《りょうじさいばんけん》（治外法権《ちがいほうけん》）をなくすことに，1911年，小村寿太郎《こむらじゅたろう》が関税自主権《かんぜいじしゅけん》の回復に成功しました。

領事裁判権を認《みと》める	日本国内で罪をおかした外国人を日本の法律《ほうりつ》でさばけない。
関税自主権がない	外国からの輸入品に関税（税金）をかける権利がない。

▲不平等条約の内容

朝鮮《ちょうせん》（韓国《かんこく》）をめぐっておきた日清《にっしん》戦争に勝った日本は，中国《ちゅうごく》東北部（満州《まんしゅう》）に勢力を伸《の》ばそうとしていたロシアと対立し，日露《にちろ》戦争が始まりました。

	開戦年	戦後の動き
日清戦争	1894年	日本は台湾《たいわん》などを領土とし，賠償金《ばいしょうきん》を得た。
日露戦争	1904年	ロシアは韓国から退《しりぞ》き，1910年に日本は韓国を併合《へいごう》して，植民地にした。

▲日清戦争と日露戦争

寝る前にもう一度

- 陸奥(陸奥宗光)が撤廃《てっぱい》，領事裁判権(治外法権)。小村(小村寿太郎)が回復，関税自主権。
- 朝鮮めぐり，中国と日清戦争。10年後，ロシアと日露戦争。

19. 戦争中の日本

□ 月 日
□ 月 日

★今夜おぼえること

アメリカやイギリスと太平洋《たいへいよう》戦争。空襲《くうしゅう》さけて集団疎開《そかい》。

開戦だ！
どこに行くの？
空襲をさけて
地方へ行くのよ。

広島《ひろしま》・長崎《ながさき》に原爆《げんばく》投下。ソ連が参戦。日本の降伏《こうふく》で終戦。

1945年8月6日
広島
8月9日
長崎
8月15日
降伏したことが国民に知らされた。

★今夜のおさらい

1941年，日本とアメリカやイギリスなどとの間で，太平洋戦争《たいへいようせんそう》が始まりました。やがて都市への空《くう》襲《しゅう》が激《はげ》しくなり，都市に住む子どもたちは親もとをはなれて地方へ集団で避《ひ》難《なん》（集団疎開《そかい》）しました。

疎開先での生活は
食べ物が少なくて，
いつもおなかが
すいていたんだ。
グーグー

1945年，アメリカ軍が8月6日に広島《ひろしま》，9日には長崎《ながさき》に原子爆弾《ばくだん》（原爆）を投下し，満《まん》州《しゅう》などにソ連軍も攻《せ》めてきて，多くの人々《ひとびと》がなくなりました。日本は降伏《こうふく》を決め，15日，昭和天皇《しょうわてんのう》がラジオ放送で国民に伝え，戦争が終わりました。

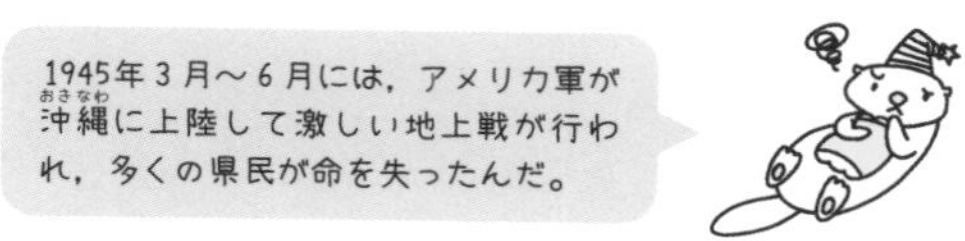
1945年3月～6月には，アメリカ軍が
沖縄《おきなわ》に上陸して激しい地上戦が行われ，多くの県民が命を失ったんだ。

寝る前にもう一度

- アメリカやイギリスと太平洋戦争。空襲さけて集団疎開。
- 広島・長崎に原爆《げんばく》投下。ソ連が参戦。日本の降伏で終戦。

★今夜おぼえること

戦後改革《かいかく》は、軍隊解散、男女平等、仕上げは日本国憲法《けんぽう》。

軍隊解散

男女平等

日本国憲法制定
日本国憲法

独立回復と安保《あんぽ》条約。

（日米安全保障《ほしょう》条約）

国連《こくれん》加盟《かめい》で再び国際社会へ。

（国際連合）

独立を回復

日米安全保障条約

国連に加盟

社会

★今夜のおさらい

戦争に敗れた日本を占領《せんりょう》した連合国軍は，日本を民主化するための改革《かいかく》を進めました。1946年には 日本国憲法《けんぽう》 が公布されました。

軍隊を解散させる	→ 二度と戦争をしない。
男女平等になる	→ 女性の参政権《けん》が認《みと》められる。
教育制度の改革	→ 6・3制の義務教育が始まる。
農地改革を行う	→ 多くの農家が自分の農地をもつようになる。

▲戦後の主な改革

日本は1951年にサンフランシスコ平和条約を結び，翌年《よくねん》に独立を回復しました。同時に 日米安全保障《ほしょう》条約（安保《あんぽ》条約） が結ばれ，独立後もアメリカ軍が日本にとどまることになりました。

独立後も，沖縄《おきなわ》や小笠原諸島《おがさわらしょとう》はアメリカに占領されたままだったんだ。

寝る前にもう一度

- 戦後改革は，軍隊解散，男女平等，仕上げは日本国憲法。
- 独立回復と安保条約（日米安全保障条約）。国連《こくれん》（国際連合）加盟《かめい》で再び国際社会へ。

★今夜おぼえること

⭐高度経済《けいざい》成長の中，復興アピールした東京オリンピック。

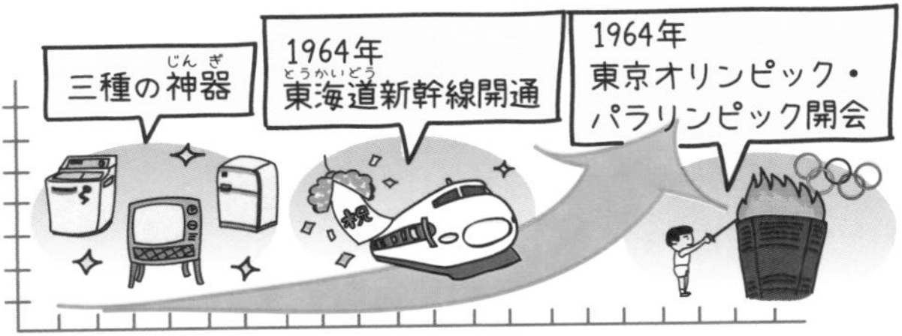
三種の神《じん》器《ぎ》
1964年
東海道《とうかいどう》新幹線開通
1964年
東京オリンピック・パラリンピック開会
祝

🌙日本の課題は少《しょう》子《し》高齢《こうれい》化《か》，自然災害，領土をめぐる問題…。

領土をめぐる問題
進む少子高齢化
あいつぐ自然災害

★今夜のおさらい

高度経済《けいざい》成長とよばれる経済発展《はってん》が続くなか1964年に開かれた東京オリンピック・パラリンピックは，日本の敗戦からの復興を世界にアピールする大会ともなりました。

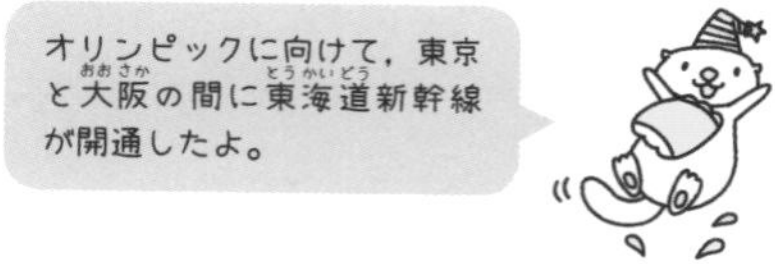

オリンピックに向けて，東京と大阪《おおさか》の間に東海道《とうかいどう》新幹線が開通したよ。

近年，日本では少子高齢化《しょうしこうれいか》が進んで人口が減っています。また，自然災害が続き，防災やエネルギーの課題が明らかになりました。

北方領土《ほっぽうりょうど》，竹《たけ》島《しま》，尖閣諸島《せんかくしょとう》はみんな日本固有の領土だよ。

竹島《たけしま》(島根県)
韓国《かんこく》が不法に占拠《せんきょ》
尖閣諸島《せんかくしょとう》(沖縄県)
中国が領有を主張
北方領土《ほっぽうりょうど》(北海道)
ロシアが不法に占拠

▲日本の領土をめぐる問題

寝る前にもう一度

- 高度経済成長の中，復興アピールした東京オリンピック。
- 日本の課題は少子高齢化，自然災害，領土をめぐる問題…。

★今夜おぼえること

多くの民族が暮《く》らすアメリカ。(アメリカ合衆国《がっしゅうこく》)大規模《だいきぼ》農業，宇宙《うちゅう》開発。

アメリカは
さまざまな人種や
民族が暮らしている
国だよ。

人口世界一。急速な経済発展《けいざいはってん》で，日本の最大貿易相手の中国《ちゅうごく》。(中華人民共和国《ちゅうかじんみんきょうわこく》)

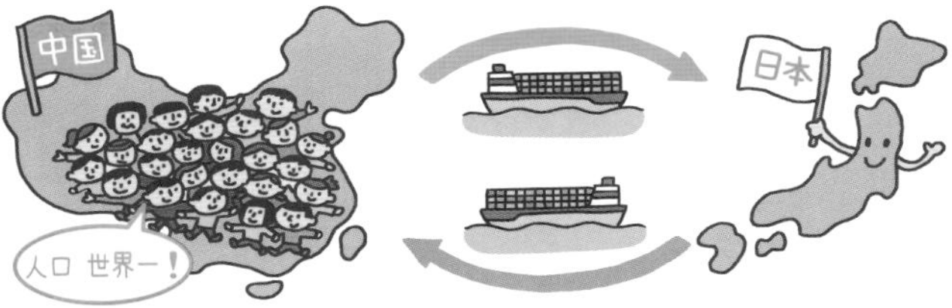
中国
日本
人口 世界一！

社会

★今夜のおさらい

多くの民族が暮《く》らす アメリカ（アメリカ合衆国《がっしゅうこく》） では，広大な耕地で大規模《だいきぼ》な 農業 が行われています。宇宙《うちゅう》開発の研究も進んでいます。日本は航空機や農産物などをアメリカから輸入しています。

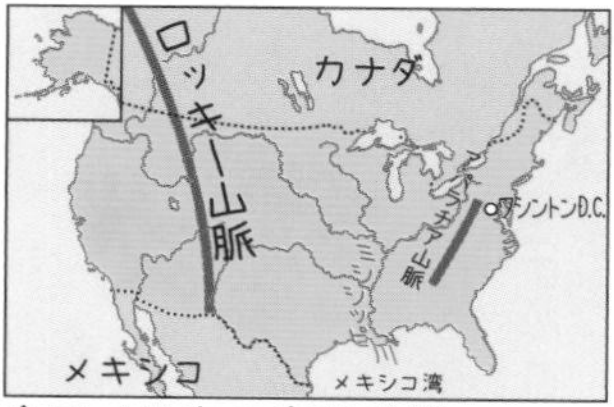

▲アメリカの主な地形

中国《ちゅうごく》（中《ちゅう》華《か》人民共《じんみんきょう》和《わ》国《こく》） は，近年急速に経済《けいざい》が発展《はってん》し，2020年現在日本の最大の貿易相手国です。 人口 は世界一多く，長い間，人口増加をおさえるための一人っ子政策《せいさく》がとられていました。首都は北京《ペキン》です。

▲中国の主な地形

寝る前にもう一度

- 多くの民族が暮らすアメリカ(アメリカ合衆国)。大規模農業，宇宙開発。
- 人口世界一。急速な経済発展で，日本の最大貿易相手の中国(中華人民共和国)。

23. 世界の平和と日本の役割

□　月　日
□　月　日

★今夜おぼえること

世界の平和を守る国連《こくれん》。ユニセフは子どもを支援《しえん》。
(国際連合)

ユニセフは国際連合の機関の1つだよ。
わーい，ノートだ！
これを使って勉強してね。
unicef

ユニセフの活動の例

社会

平和維持活動《へいわいじかつどう》に参加，自衛隊《じえいたい》。
(PKO《ピーケーオー》)
世界で活やく青年海外協力隊《せいねんかいがいきょうりょくたい》。

青年海外協力隊は，政府開発援助《えんじょ》(ODA《オーディーエー》)という，日本の国際協力活動の1つなんだ。

子どもたちに絵のかき方を教えているの。

青年海外協力隊の活動の例

★今夜のおさらい

🌟 国際連合《こくさいれんごう》(国連)は、世界の平和を守ることを目的につくられました。ユニセフは、戦争や貧困《ひんこん》などで厳《きび》しい暮《く》らしをしている子どもたちを助ける活動をしています。

国連のおもな機関と専門《せんもん》機関

総　会

全加盟国《かめいこく》の代表が参加。

安全保障《ほしょう》理事会

平和を守る活動を中心に行う。

ユネスコ

世界遺産《いさん》に登録

🌙 日本から自衛隊《じえいたい》が参加している、国連の平和維持活動《へいわいじかつどう》(PKO《ピーケーオー》)は、戦争を防いだり復興を支援《しえん》したりするために国連が行う活動です。青年海外協力隊《せいねんかいがいきょうりょくたい》は、発展途上《はってんとじょう》の国や地域《ちいき》でボランティア活動を行っています。

寝る前にもう一度

- 🌟 世界の平和を守る国連(国際連合)。ユニセフは子どもを支援《しえん》。
- 🌙 平和維持活動(PKO)に参加、自衛隊。世界で活やく青年海外協力隊。

★今夜のおさらい

言葉や文、段落《だんらく》をつないで、前後の関係を表す言葉を、接続語といいます。

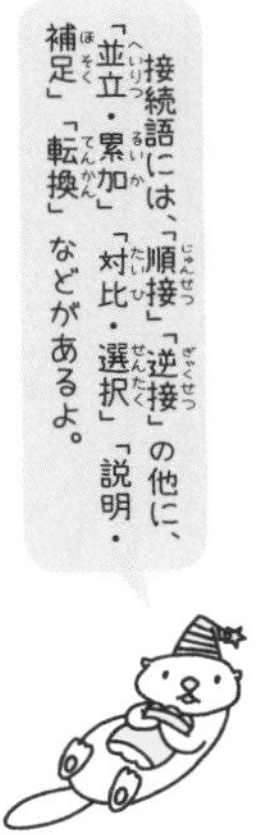
接続語には、「順接《じゅんせつ》」「逆接《ぎゃくせつ》」の他に、「並立《へいりつ》・累加《るいか》」「対比《たいひ》・選択《せんたく》」「説明・補足《ほそく》」「転換《てんかん》」などがあるよ。

「だから」などの順《じゅん》接《せつ》の接続語は前からの自然な結果が、「しかし」などの逆接《ぎゃくせつ》の接続語は前とは逆の結果がくることを表します。

寝《ね》る前にもう一度

言葉《ことば》・文《ぶん》・段落《だんらく》つなぐ接続語《せつぞくご》。

「だから」が順接《じゅんせつ》、「しかし」が逆接《ぎゃくせつ》。

19. 接続語

□月　日　□月　日

★今夜おぼえること

言葉《ことば》・文《ぶん》・段落《だんらく》
つなぐ接続語《せつぞくご》。

「だから」が順接《じゅんせつ》、
「しかし」が逆接《ぎゃくせつ》。

今夜のおさらい

「大きな木。」「とても広い。」の――線部のように、あとの言葉をくわしく説明する言葉を修飾語《しゅうしょくご》といいます。

修飾語によって説明される言葉を被修飾語《ひしゅうしょくご》というよ。

「だれに」「何を」「どのくらい」に当たる言葉も、修飾語です。

例えば、「私《わたし》は、友人におみやげをたくさんあげた。」のうち、「友人に」が「だれに」、「おみやげを」が「何を」、「たくさん」が「どのくらい」に当たるよ。

寝《ね》る前にもう一度

あとに続《つづ》く言葉《ことば》をくわしく修飾語《しゅうしょくご》。

「いつ」「どこで」「どんな」「どのように」が修飾語《しゅうしょくご》。

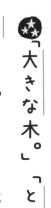

月　日
月　日

★今夜おぼえること

あとに続《つづ》く
言《こと》葉《ば》をくわしく
修飾語《しゅうしょくご》。

白い雲
青い海

「いつ」「どこで」
「どんな」「どのように」
が修飾語《しゅうしょくご》。

12時に空港のレストランで
おいしいランチを
もりもり食べる。

★今夜のおさらい

文の基本の形は、主語と述語からできています。

例 だれ（何）が―どうする

だれ（何）が―どんなだ

だれ（何）が―何だ

だれ（何）が―ある・いる

主語と述語のうち、述語はふつう、文の終わりにあります。

例 子犬がワンワン鳴く。

私《わたし》は来年、中学生だ。

文の中で主語・述語を探《さが》すときは、まず述語を探してから、それに対応する主語を見つけるといいよ。

寝《ね》る前にもう一度

文中《ぶんちゅう》で「だれが」「何《なに》が」が主語《しゅご》になる。

「どうする」や「何《なん》だ」に当《あ》たる言葉《ことば》が述語《じゅつご》だよ。

17. 文の組み立て①（主語・述語）

月　日
月　日

★今夜おぼえること

文中《ぶんちゅう》で「だれが」「何《なに》が」が主語《しゅご》になる。

「どうする」や「何《なん》だ」に当《あ》たる言葉《ことば》が述語《じゅつご》だよ。

国語

★今夜のおさらい

★★★ 同じ意味やよく似ている意味の言葉を類義語といいます。

例

去年
昨年

短所
欠点

「去年（昨年）の夏」、「自分の短所（欠点）」は、ほとんど同じ意味で、たがいに言いかえることができるね。

☾ 類義語の中には、使い分けが必要なものがあります。

例

興味深い話。

関心が高い。

「興味をもつ。」は「関心をもつ。」に言いかえられるけど、右の例のように、文によっては使い分けが必要だね。

寝《ね》る前にもう一度

★★★ 「興味《きょうみ》」と「関心《かんしん》」、似《に》た意味《いみ》だ。

☾ 興味《きょうみ》深《ぶか》い話《はなし》に、関心《かんしん》が高《たか》い。

□ 月 日
□ 月 日

★今夜おぼえること

「興味《きょうみ》」と「関心《かんしん》」、似《に》た意味《いみ》だ。

興味《きょうみ》深《ぶか》い話《はなし》に、関心《かんしん》が高《たか》い。

★今夜のおさらい

相手や話題の中の人の動作などを高めて言う言葉を、尊敬語《そんけいご》といいます。

例 食べる・飲む ↓めし上がる
言う ↓おっしゃる

自分の身内のことを他の人に話す場合には尊敬語は使わないので、注意しよう。

自分の側の動作を低めて言うことで相手を高める言葉を、謙譲語《けんじょうご》といいます。

例 行く・来る ↓参る・うかがう
言う ↓申す・申し上げる

「めし上がる」と「いただく」のように、尊敬語と謙譲語で対応しているものもあるよ。

寝《ね》る前にもう一度

「いらっしゃる」、「いる」「行《い》く」「来《く》る」の尊敬語《そんけいご》。

「いただく」は、「もらう」「食《た》べる」の謙譲語《けんじょうご》。

15. 敬語《けいご》

★今夜おぼえること

「いらっしゃる」、「いる」「行《い》く」「来《く》る」の尊敬語《そんけいご》。

「いただく」は、「もらう」「食《た》べる」の謙譲語《けんじょうご》。

□ 月 日
□ 月 日

国語

★今夜のおさらい

「そうだ」は人から聞いたことを表す場合、「かもしれない」「だろう」は不確かなことを表す場合に使う文末の言葉です。

「降《ふ》るようだ」なども不確かなことを表す場合に使う表現だよ。

「か」は疑問《ぎもん》を投げかける場合、「つもりだ」は自分の意志を述べる場合、「なさい」は相手に命令する場合に使う文末の言葉です。

「～ましょう」は相手をさそう場合などに使うね。文末の言葉はいろいろあるよ。

寝《ね》る前にもう一度

降《ふ》るそうだ、降《ふ》るかもしれない、降《ふ》るだろう。

食《た》べますか？ 食《た》べるつもりだ。食《た》べなさい。

14. 文末表現

月　日
月　日

★今夜おぼえること

降《ふ》るそうだ、
降《ふ》るかもしれない、
降《ふ》るだろう。

午後から
雨・・・

食《た》べますか？
食《た》べるつもりだ。
食《た》べなさい。

食べますか？
食べるつもりだ
食べなさい

漢字の読みには、音と訓の二種類があります。

例　重

音　ジュウ・チョウ

訓　え・おもい　かさねる・かさなる

複数の音読みや訓読みをもつ漢字も多いよ。

漢字には、複数の意味をもつものがあります。

例　布

①布。例 布きん

②広く行きわたらせる。例 配布

「分布」「布教」などは②の意味で使われている熟語《じゅくご》だよ。

寝《ね》る前にもう一度

重《おも》い荷《に》　重《かさ》ねて重量《じゅうりょう》オーバー。

ぞうきん用《よう》の布《ぬの》を配布《はいふ》する。

月 日
月 日

★今夜おぼえること

重《おも》い荷《に》 重《かさ》ねて
重量《じゅうりょう》オーバー。

ぞうきん用《よう》の
布《ぬの》を配《はい》布《ふ》する。

国語

★今夜のおさらい

★★ 訓読みが同じで意味はちがう漢字を同《どう》訓《くん》異《い》字《じ》といいます。

例
備《そな》える　供《そな》える
敗《やぶ》れる　破《やぶ》れる

同訓異字の言葉は、意味を調べて正しく使い分けできるようにしよう。

🌙 発音が同じで意味はちがう熟語《じゅくご》を同《どう》音《おん》異《い》義《ぎ》語《ご》といいます。

例
開放《かいほう》－解放《かいほう》－快方《かいほう》
公園《こうえん》－公演《こうえん》－講演《こうえん》

読み方が同じというだけで、まったく別の言葉だね。

寝《ね》る前にもう一度

★★ 暖《あたた》かい春《はる》の日《ひ》に、温《あたた》かいお茶《ちゃ》を飲《の》む。

🌙 糖分《とうぶん》の多《おお》い食《た》べ物《もの》は当分《とうぶん》ひかえる。

12. 同じ訓の漢字／同じ読みの熟語《じゅくご》

月　日
月　日

★今夜おぼえること

暖《あたた》かい春《はる》の日《ひ》に、
温《あたた》かいお茶《ちゃ》を飲《の》む。

糖分《とうぶん》の多《おお》い食《た》べ物《もの》
は当分《とうぶん》ひかえる。

国語

☆ 音読みが同じで意味や使い方がちがう漢字を、同音異字《いじ》といいます。

例 ヒ…否定《ひてい》・秘密《ひみつ》

「ヒ」という音読みの漢字は、他に「比」「皮」「肥」「飛」「悲」「費」などたくさんあるよ。

☽ 音読みが同じで、同じ部分をもつ同音異字もあります。

例 ケン…検・険・験

コウ…講・構

同音異字で、同じ部分をもつ漢字は、意味を調べて正しく使い分けできるようにしよう。

寝《ね》る前にもう一度

☆ 批判《ひはん》や非難《ひなん》が集中《しゅうちゅう》する。

☽ 複雑《ふくざつ》な往復《おうふく》にうんざりする。

★今夜おぼえること

★★★ 批《ひ》判《はん》や非《ひ》難《なん》が集《しゅう》中《ちゅう》する。

☽ 複《ふく》雑《ざつ》な往《おう》復《ふく》にうんざりする。

月 日
月 日

国語

★★★ 二字熟語《じゅくご》を 二つ 組み合わせた組み立てです。

例 完全無欠・安全地帯

「完全無欠」は、意味の似た二字熟語を重ねた組み立て、「安全地帯」は、上の二字熟語が下の二字熟語を説明する組み立てだよ。

☾ 四字の漢字が 対等 に並《なら》ぶ組み立てです。

例 花鳥風月・起《き》承《しょう》転《てん》結《けつ》・東西南北

三字熟語にも、三字が対等に並ぶ組み立てがあるね。

寝《ね》る前にもう一度

★★★ 満員《まんいん》の電車《でんしゃ》が「満員電車《まんいんでんしゃ》」。

☾「春夏秋冬《しゅんかしゅうとう》」、対等《たいとう》だ。

月　日
月　日

★今夜おぼえること

満員《まんいん》の電車《でんしゃ》が
「満員電車《まんいんでんしゃ》」。

「春夏秋冬《しゅんかしゅうとう》」、
対等《たいとう》だ。

★今夜のおさらい

★★★ 二字熟語《じゅくご》の上に、一字の漢字が付いている組み立てです。

例 旧校舎・不可能

「旧校舎」は、上の一字が下の二字熟語を説明しているね。「不可能」は、上の一字が下の二字熟語の意味を打ち消しているよ。

☾ 二字熟語の下に一字の漢字が付いていると、三字が対等に並《なら》んでいる組み立てです。

「積極的」の「的」は、上の二字熟語に「〜のような状態にある」という意味をそえているよ。

寝《ね》る前にもう一度

★★★ 短《みじか》い時間《じかん》は「短時間《たんじかん》」、制限《せいげん》無《な》いのが「無制限《むせいげん》」。

☾ 深海《しんかい》の魚《さかな》は「深海魚《しんかいぎょ》」、「衣食住《いしょくじゅう》」は対等《たいとう》だ。

月　日

月　日

★今夜おぼえること

短《みじか》い時間《じかん》は「短時間《たんじかん》」、制限《せいげん》無《な》いのが「無制限《むせいげん》」。

深海《しんかい》の魚《さかな》は「深海魚《しんかいぎょ》」、「衣食住《いしょくじゅう》」は対等《たいとう》だ。

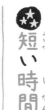

★今夜のおさらい

★★★ 上の漢字が、下の漢字をくわしく説明する組み立てです。

例 国旗・再会・最良

「国旗」は「国の旗」、「再会」は「再び会う」、「最良」は「最も良い」と訓読みして確かめられるよ。

🌙 下の漢字が、上の漢字の目的・対象を表す組み立てです。

例 開会・乗車・預金《よきん》

「開会」は「会を開く」、「乗車」は「車に乗る」、「預金」は「金を預《あず》ける」と「〜を」「〜に」に当たる言葉が下にきているね。

寝《ね》る前にもう一度

★★★ 「強風《きょうふう》」は「強《つよ》い風《かぜ》」、「親友《しんゆう》」は「親《した》しい友《とも》」。

🌙 「着席《ちゃくせき》」は「席《せき》に着《つ》く」、「加熱《かねつ》」は「熱《ねつ》を加《くわ》える」。

8. 二字熟語《じゅくご》の組み立て②

月　日　月　日

★今夜おぼえること

「強風《きょうふう》」は「強《つよ》い風《かぜ》」、「親友《しんゆう》」は「親《した》しい友《とも》」。

「着席《ちゃくせき》」は「席《せき》に着《つ》く」、「加熱《かねつ》」は「熱《ねつ》を加《くわ》える」。

★★★意味がおたがいに反対（対《つい》）の漢字どうしの組み立てです。

例 寒暖《かんだん》・勝敗・難易《なんい》

「寒暖」は「寒い」と「暖《あたた》かい」、「勝敗」は「勝つ」と「敗れる」、「難易」は「難《むずか》しい」と「易しい」が反対の意味だね。

☽意味がおたがいに似た漢字どうしの組み立てです。

例 増加・救助・幸福

「増加」は「増やす」と「加える」、「救助」は「救う」と「助ける」、「幸福」は「幸せ」と「福」で、似た意味だね。

寝《ね》る前にもう一度

★ 「善悪《ぜんあく》」は、「善《ぜん》」と「悪《あく》」とが反対《はんたい》だ。

☽ 「行進《こうしん》」は、「行《い》く」も「進《すす》む」も似《に》た意味《いみ》だ。

月　日
月　日

★今夜おぼえること

「善悪《ぜんあく》」は、
「善《ぜん》」と「悪《あく》」とが
反対《はんたい》だ。

「行進《こうしん》」は、
「行《い》く」も「進《すす》む」も
似《に》た意味《いみ》だ。

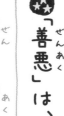

★ **部首とは、複数の漢字に共通する部分のことです。**

例 ぎょうにんべん…往・径・徒
りっとう…列・刻・割

「彳」は「道」や「行くこと」などに関連した字、「刂」は「刀」や「切ること」などに関連した字に使われるよ。

☽ **部首は、へん（　）、つくり（　）、かんむり（　）、あし（　）、たれ（　）、にょう（　）、かまえ（　）に分けられます。**

部首の位置によって呼《よ》び方がちがうんだ。

寝《ね》る前にもう一度

★ 漢字《かんじ》の中《なか》、同《おな》じ部分《ぶぶん》を部首《ぶしゅ》という。

☽ 位置《いち》により、部首《ぶしゅ》は七《なな》つに分《わ》けられる。

★今夜おぼえること

漢字《かんじ》の中《なか》、同《おな》じ部分《ぶぶん》を部首《ぶしゅ》という。

位置《いち》により、部首《ぶしゅ》は七《なな》つに分《わ》けられる。

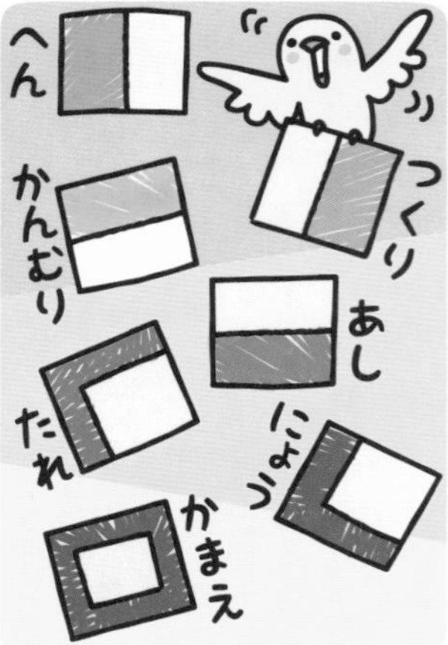

月　日
月　日

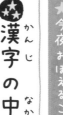

棒

音　ボウ
訓　―

・棒読《ぼうよ》み
・鉄棒《てつぼう》
・おにに金棒《かなぼう》

「棒」の「キ」の部分の形に注意しよう。「夫」や「牛」などと書かないようにね。

翌

音　ヨク
訓　―

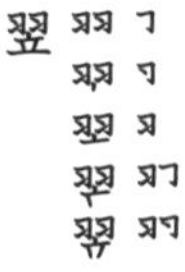

・翌日《よくじつ》
・翌週《よくしゅう》
・翌年《よくねん》（よくとし）の春、引っこす。

「翌」には「次の」という意味があるよ。

寝《ね》る前にもう一度

棒：木《き》の横《よこ》で、三人《さんにん》　キ（キ）の棒《ぼう》を持《も》つ。

翌：羽《はね》立《た》て　翌日《よくじつ》出発《しゅっぱつ》だ。

★今夜おぼえること

木《き》の横《よこ》で、
三《さん》人《にん》キ（キ）の
棒《ぼう》を持《も》つ。

羽《はね》立《た》て
翌《よく》日《じつ》出《しゅっ》発《ぱつ》だ。

拝

音 ハイ
訓 おがむ

- 拝見《はいけん》
- 参拝者《さんぱいしゃ》
- 初日《はつひ》を拝《おが》む。

「拝」には「①おがむ。②自分の動作を表す語の上に付けて、へりくだることで、相手を敬《うやま》う語」の意味があるよ。

否

音 ヒ
訓 （いな）

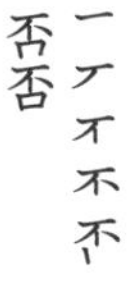

- 否定《ひてい》
- 合否《ごうひ》
- 賛否《さんぴ》を問う。

「否」には「①反対。反対を意味する語。②打ち消す語」という意味があるよ。

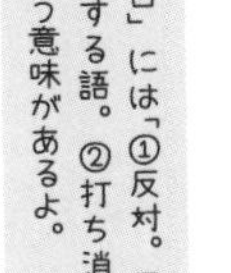

寝《ね》る前にもう一度

★ 手《て》（扌）に四本《よんほん》（三）持《も》って、1回《いっかい》拝《おが》む。

☾ 不安《ふあん》を口《くち》にして、否定《ひてい》する。

★今夜おぼえること

手《て》（扌）に
四本《よんほん》（三）持《も》って、
1回《いっかい》拝《おが》む。

不安《ふあん》を口《くち》にして、
否定《ひてい》する。

□月　日
□月　日

奏

音 ソウ
訓 （かなでる）

一 二 三 声 夫 夫 奏 奏 奏 奏

・演奏《えんそう》
・合奏《がっそう》
・説得が功《こう》を奏《そう》する。

「奏」の「夭」の部分の最後の画は、はらわずに止めることに注意しよう。

賃

音 チン
訓 ―

ノ イ 亻 仁 任 任 任 侍 侍 賃 賃 賃 賃

・賃金《ちんぎん》
・家賃《やちん》
・運賃《うんちん》が上がる。

「賃」には「代金として、しはらうお金」という意味があるよ。

寝《ね》る前にもう一度

三人《さんにん》で、天《てん》（夭）に向《む》かって演奏《えんそう》だ。

任《まか》せろ！ 貝《かい》の家《いえ》の家賃《やちん》なら。

□月　日　□月　日

★今夜おぼえること

三人《さんにん》で、天《てん》（夭）に向《む》かって演奏《えんそう》だ。

任《まか》せろ！貝《かい》の家《いえ》の家《や》賃《ちん》なら。

国語

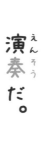

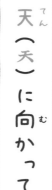

収

音 シュウ

訓 おさめる おさまる

丨 丩 収 収

・収録《しゅうろく》

・回収《かいしゅう》

・勝利を収める《おさめる》。

「収」には「①とり入れる。②集める」などの意味があるよ。

盛

音 （セイ）（ジョウ）

訓 もる （さかる）（さかん）

ノ 厂 万 成 成 成 成 成 成 成 盛

・盛り付け《もりつけ》

・大盛り《おおもり》

・会話が盛り上がる《もりあがる》。

「盛」には「①高く積み上げる。②さかん。さかり」という意味があるよ。

寝《ね》る前にもう一度

★ 1時《いちじ》にレ（𠄌）つヌ（又）け、収録《しゅうろく》だ。

☾ 成功《せいこう》だ！ 皿《さら》の盛《も》り付《つ》け、見事《みごと》でしょ。

★今夜おぼえること

1《いち》時《じ》にレ（レ）つ
ヌ（又）け、収録《しゅうろく》だ。

成功《せいこう》だ！
皿《さら》の盛《も》り付《つ》け、
見事《みごと》でしょ。

□ 月 日
□ 月 日

★今夜のおさらい

沿

音 エン
訓 そう

丶 氵 氵 氵 汃 沿 沿 沿

・沿岸《えんがん》

・海沿《うみぞ》い

・私鉄《してつ》沿線《えんせん》に住む。

「沿」は「ハ」の部分の上をくっつけて書かないようにしよう。

揮

音 キ
訓 —

一 十 扌 扌 扌 扌 扌 扌 指 揮

・揮発油《きはつゆ》

・指揮《しき》

・実力を発揮《はっき》する。

「揮発油」とは、石油を蒸留《じょうりゅう》して作った、ガソリンやベンジンなどのことだよ。

寝《ね》る前にもう一度

シずかにハローと沿岸《えんがん》で。

手《て》（扌）で軍隊《ぐんたい》の指揮《しき》をする。

□ 月 日
□ 月 日

★今夜おぼえること

シずかにハローと
沿岸《えんがん》で。

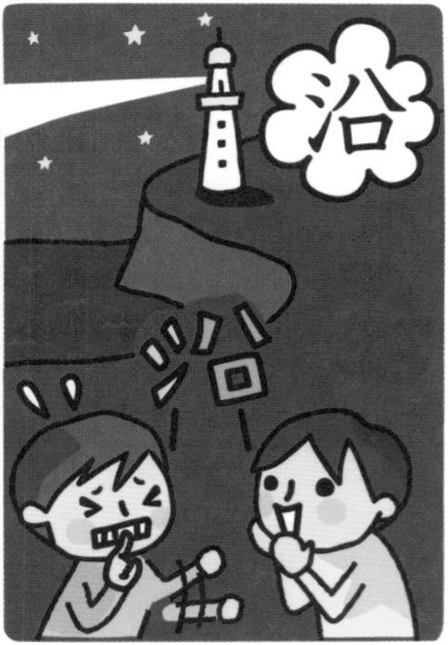

手（扌）で軍隊《ぐんたい》の
指揮《しき》をする。

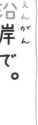

国語は
こちら側から
始まるよ！

編集協力：上保匡代，西川かおり，浅沼美加，株式会社装文社，八木佳子，長谷川千穂

表紙・本文デザイン：山本光徳
本文イラスト：山本光徳,ねもときょうこ,おおつかめぐみ,さとうさなえ,小山健,tokico,小坂タイチ
DTP：株式会社明昌堂　データ管理コード：23-2031-1607（CC2018／2021）
図版：株式会社明昌堂，株式会社アート工房
写真：無印：編集部，その他の出典は写真そばに記載

寝る前5分 暗記ブック 小6

⑧